Het jaar waarin ik mijn haar verloor

Barbara van Beukering

Het jaar waarin ik mijn haar verloor

Memoir

Spectrum

Omslagontwerp: Bloemendaal & Dekkers
Omslagfoto: Linda Stulic
Opmaak: Elgraphic

ISBN 978 90 00 38023 7
ISBN 978 90 00 38805 9 (e-book)
NUR 320

Eerste druk, 2023

Spectrum maakt deel uit van Uitgeverij Unieboek | Het Spectrum bv,
Postbus 23202
1100 DS Amsterdam

www.spectrumboeken.nl
Spectrum Lifestyle Boeken
spectrumboeken

Omwille van de privacy van betrokkenen zijn sommige personen geanonimiseerd en/of gebaseerd op meerdere personen.

Voor Jesse en Kees

Inhoud

Konijn 13
De Wereld Draait Door 15
Lang blond haar 18
De Kring 20
Henna 24
Boekenbal 27
Die rooie 30
Paulien 32
Boek the party 36
De pil van Drion 39
Parijs 44
Klassenfoto 1981 49
Lockdown 1 51
Friesland 57
Leegte 60
Permanent 63
Jesse 65
Staart 69
Petra 72
Het sexy ding 76
Bandana 79
Sushi in het ziekenhuis 82
Schaamte 85
Kale vader 87

Renesse 90
Kees 94
Rammelen 99
Medium 101
De buurtkapper 103
Crisisdienst 105
Haarwerk 107
Laatste adem 110
Fotoshoot 112
Babyhaar 114
Hoed 116
Bastion Hotel 120
Bossche bollen 124
Big hair 127
Hond 129
Telefoontje 132
Samson 134
Voicememo 136
Hoop 138
Boottochtje 140
Fokker 143
Verstoppertje 147
Gezinsman 149
Gebruiksaanwijzing 151
Luizen 157
Het zwarte hoofd 160
Dansen in de huiskamer 162
Lockdown II 165
Lotgenoot 168
Klassenfoto 2005 174
Twijfel 176
Dorpspomp 179
Nest 182

Yoga	186
Op zoek naar een kapper	188
Truffelpasta en wilde eend	191
Trots op een kaal hoofd	195
Kleinzoon komt	199
Kogel door de kerk	202
Andre Agassi	205
Oesters en veel wijn	208
Rick de kapper	213
Geheim	215
De verhuizing	219
Boodschappen	223
Kerst	225
Max Nods	228
Betrapt	232
Victoria Hotel	234
Tessa	236
Dons	240
Marc-Marie	244
Epiloog	251
Dankwoord	253

Een hele kunst

De kunst van het verliezen valt te leren;
veel dingen lijken zo vol vuur om
weg te raken dat hun verlies ons niet behoeft te deren.

Verlies iets iedere dag. Leer accepteren
de verloren sleutelbos, het slecht bestede uur.
De kunst van het verliezen valt te leren.

Beoefen dan het verder, meer en steeds
sneller kwijtraken van namen en van plaatsen, naar welk
buurland je wilde reizen. Niets van dit alles zal je deren.

Ik verloor moeders horloge. Nog minder te beheren!
Het laatste of het op een na laatste van drie geliefde huizen staat te huur.
De kunst van het verliezen valt te leren.

Twee schitterende steden verdwenen. En meer en
groter streken, twee rivieren, een geliefde schuur.
Ik mis ze, maar het kan me niet meer deren.

– Zelfs als ik jou verlies (je stem gekscherend, bezwerend
is dat geliefd gebaar) zal dit geen leugen zijn. Op den duur
valt de kunst van het verliezen best te leren

al lijkt het (Schrijf op dan!) dat het ons wel degelijk kan deren.

Elizabeth Bishop
(uit: The Complete Poems 1927-1979)
Vertaling J. Bernlef

Konijn

Hoewel mijn broertjes een jaar jonger waren dan ik, zag je nauwelijks verschil. Toen ik vier was, en mijn broertjes drie, dachten mensen regelmatig dat we een drieling waren; drie jongetjes. Dat kwam doordat ik net als zij heel kort haar had. Mijn moeder vond dat praktisch, zij hield niet van 'getut' met haar. Mijn vader vond een kort koppie voor zijn enige dochter 'fris' staan. Ikzelf was diep ongelukkig, mijn vriendinnetjes hadden vlechten en staartjes, bijeengebonden door elastiekjes met gekleurde balletjes. Ik voelde me met coupe bloempot geen volwaardig meisje.

Gelukkig had ik een omi in Den Haag die van uiterlijk vertoon hield. Ik logeerde met enige regelmaat bij haar en zij was niet blij met mijn korte haar. Ze kocht dure jurkjes van Oilily voor mij, die ze me beeldig vond staan. Maar om in de Haagse binnenstad of op het Scheveningse strand met haar kleindochter te kunnen pronken, moest ik toch langer haar hebben. In mijn bijzijn hield ze een pleidooi voor lang haar waarna mijn ouders onder druk akkoord gingen. 'Niet heel lang haar,' onderhandelde mijn moeder nog, 'halflang haar.'

Vanaf dat moment mocht ik mijn haar iets laten groeien. Telkens als het mijn schouders had bereikt, werd ik spoorslags naar de kapper gestuurd. 'Niet alleen de puntjes, haal er maar een flink stuk af,' zei mijn moeder steevast. Ik haatte haar als ze dat zei. Wanneer we bij de kapper vandaan kwamen, was ik altijd ongelukkig. Weer was mijn haar veel korter dan ik wilde, om nog maar te zwijgen over de pony, die zo kort werd geknipt dat hij bijna samenviel met de haargrens. Maar kennelijk was ik niet de enige die ongelukkig was, mijn ouders vonden mijn halflange haar maar niks.

Toen ik op zevenjarige leeftijd zei dat ik zo ontzettend graag een konijn wilde hebben, greep mijn vader zijn kans: 'Jij krijgt van mij een konijn als je naar de kapper gaat en weer lekker een fris kort koppie laat knippen.' Een duivels dilemma. Dagenlang heb ik gewikt en gewogen. Maar de wens een konijn te bezitten was dermate sterk dat ik uiteindelijk instemde.

Mijn vader timmerde een prachtig konijnenhok, met een binnenhok en een buitenren, dat als een langwerpige driehoek op het gras kon staan. Op de dag dat het konijn zou komen, ging ik met mijn moeder en broertjes naar de kapper. 'Alle drie lekker kort,' zei mijn moeder dit keer vrolijk. Ik zat in de stoel en probeerde niet naar de kapper in de spiegel te kijken, maar aan mijn konijn te denken. Ik zou haar heel veel knuffelen zodat ze heel tam zou worden. Misschien kon ik haar dan vrij rond laten lopen door mijn slaapkamer, of zelfs een keertje mee naar school nemen. Mijn vader kwam die avond thuis met het konijn, een wit pluizig beestje met rode oogjes. Ik was op slag verliefd, en noemde haar Stampertje.

De volgende dag moest ik sigaretten halen voor mijn moeder, twee pakjes Camel filter. Toen ik aan de beurt was, zei de sigarenboer achter de toonbank: 'Jongeman, wat zal het zijn?'

Die avond kroop ik zelf in het konijnhok. Terwijl de tranen over mijn wangen liepen, pakte ik het konijntje in mijn armen. Nooit zou ik meer naar de kapper gaan, besloot ik.

De Wereld Draait Door

'Je hebt hier een kaal plekje tussen je haar.' Rick, de kapper, drukt met zijn wijsvinger ergens tussen de zij- en achterkant van mijn hoofd. Ik reageer niet op de mededeling, maar praat verder over de uitzending van *De Wereld Draait Door* waar ik over een paar uur te gast ben.

Terwijl hij grote rollers in mijn haar zet, kijk ik naar Rick en mezelf. Ik draag een knalrood pak van LaDress. Ik ben moe, de afgelopen weken heb ik in aanloop naar de boeklancering talloze interviews en fotoshoots gehad. Mijn spiegelbeeld is vrolijk en kleurrijk, de foundation doet z'n best mijn winterse bleekheid en wallen te verbloemen. Ik tetter vrolijk door: 'De andere gasten zijn Natacha Harlequin over de nieuwe Netflix-documentaire *Who killed Malcom X* en Typhoon, die geloof ik een depressie achter de rug heeft. Dat wordt een vrolijke uitzending.'

Ik zit in het televisieprogramma omdat ik een boek heb geschreven over de manier waarop we doodgaan, *Je kunt het maar één keer doen*. Ik interviewde talloze deskundigen die antwoord proberen te geven op mijn vraag waarom de ene mens in blinde paniek sterft terwijl de ander heel berustend het naderende einde tegemoet treedt. Ook sprak ik een tiental nabestaanden over het sterfbed van hun dierbare. Twee van hen vergezellen mij aan tafel om over het onderwerp te praten: Frank Sanders, de man van Jos Brink en Mieke Schaberg, de weduwe van Fokker-directeur Frans Swarttouw.

De uitgeverij sprong een gat in de lucht toen ik vertelde dat ik voor mijn boek een kwartier de tijd zou krijgen. Bij de verschijning van mijn vorige boek had ik er ook aan tafel gezeten en tijdens het programma vlogen de eerste twee drukken erdoorheen via Bol.com.

'Toch,' zegt Rick 'vind ik dat je even door de huisarts naar dat kale plekje moet laten kijken.' Lichtelijk geërgerd vraag ik wat het dan zou kunnen zijn. Rick pakt de grote ronde spiegel waarmee hij altijd de achterkant van mijn haar toont als het helemaal klaar is. Nu probeert hij me in die spiegel het kale plekje te laten zien. Ik zie niks. Hij duwt met duim en wijsvinger de omliggende haren weg: 'Kijk, daar.' Ik zie nog steeds niks. 'Het zit voor jou op een lastige plek om te zien,' geeft Rick toe. 'Het kan een schimmel zijn, dat is met een crèmepje zo te verhelpen. Maar dat moet je wel doen want anders wordt de plek groter.' Om ervanaf te zijn zeg ik dat ik volgende week langs de huisarts ga. Rick laat het me beloven.

Een uur later sta ik in de visagie en zie in de spiegel Matthijs van Nieuwkerk binnenkomen. 'Mooi rood is niet lelijk,' zegt hij terwijl hij mijn rode pak van top tot teen scant. We geven elkaar drie kussen en hij vraagt hoe het met me gaat. Voordat ik kan antwoorden, zegt hij dat hij mijn boek heeft gelezen. Hij had er, moest hij eerlijk toegeven, nogal tegen opgezien want de dood is niet bepaald zijn favoriete onderwerp. Maar het viel mee, hij was er niet zwaarmoedig van geworden en had er ook iets van opgestoken. Hij zegt dat hij zich verheugt op het gesprek aan tafel en verlaat de make-upruimte weer. Ik neem plaats in de linkerstoel, Frank Sanders komt even later naast mij in de rechterstoel zitten.

Na de uitzending is de redacteur heel tevreden. Meestal staat er op vrijdagavonden wat luchtigers op het program, maar ondanks het serieuze onderwerp is het gesprek toch niet te zwaar geweest en is er gelukkig ook nog gelachen. Na één glas wijn verlaat ik de redactieruimte want mijn gezin zit al te wachten in het nabijgelegen restaurant. Man, zoon, oudste en jongste dochter. De middelste dochter is een van de eigenaren van het restaurant, en zal als ze klaar is met werken ook aanschuiven. We bestellen drie schalen fruits de mer en twee flessen Saint Véran. Milène, founding mother van het restaurant, komt even later met een gigantische bos bloemen aanlopen. 'Gefeliciteerd met je nieuwe boek, ik heb het al besteld.'

Terwijl mijn uitgehongerde gezinsleden aanvallen op de schalen met kreeft, krab en oesters, zie ik vanuit mijn ooghoek Matthijs van Nieuwkerk het restaurant binnenlopen met in zijn kielzog zijn vrouw en Marc-Marie Huijbregts, vriend en vaste tafelheer. Het drietal eet hier elke vrijdagavond na de uitzending, al vijftien jaar lang. Als ik even later naar de wc ga, loop ik langs hun tafel. 'Ging hartstikke goed!' roept Matthijs enthousiast. Ik weet zeker dat hij dat ook zou zeggen als het niet goed was gegaan. 'Vond ik ook,' vult Marc-Marie aan. 'Hoewel mijn moeder al drie jaar kanker had voordat ze overleed, en ze heel openlijk over haar dood sprak, was het moment dat ze stierf toch heel pijnlijk. Echt goed dat je dat boek hebt geschreven.'

De volgende dag word ik wakker met een kater. Het is tien uur als ik in de badkamer van ons huis op de Kloveniersbrugwal sta. Na een paar flinke slokken koud water doe ik mijn lenzen in. Opeens denk ik aan die kale plek. Ik pak de make-upspiegel en houd hem in de lucht aan de achterkant van mijn hoofd. Probeer het plekje in de grote spiegel te zien. Behalve een verwilderde haarbos en een door de drank getekend vrouwengezicht, zie ik niks.

Lang blond haar

Er is een foto van mijn moeder waarop ze als zestienjarig meisje naast een paard staat en halflang blond golvend haar heeft. Ze lacht haar gave witte tanden bloot, ze is een knap meisje. Twee jaar later ontmoette ze mijn vader die zeven jaar ouder was. Op haar trouwfoto heeft mijn moeder, ze is twintig, een kort kapsel. Aan de krullen te zien heeft ze een permanent, maar het kan ook een watergolf voor de gelegenheid zijn geweest. Ze ziet er ouwelijk uit voor haar leeftijd, in die tijd transformeerde je als je in het huwelijk trad spoorslags van meisje in vrouw. Vanaf dat moment zei ze aan de telefoon: 'Met mevrouw Van Beukering.' Ze droeg geen broeken meer maar strakke rokken, met bloesjes erop en lage pumps eronder. Als ze met mijn vader op zondagmiddag deftig op landgoed Lauswolt ging lunchen, droeg ze een mantelpakje.

Gedurende onze hele jeugd liet ze haar kapster Janneke twee keer per jaar een permanent zetten. Soms moest ik mee, wat ik heel vervelend vond want het duurde uren. Terwijl Janneke plukje voor plukje het haar om metalen draadrollers vouwde die ze vervolgens met een pin vastzette, stak mijn moeder de ene na de andere sigaret op en vertelde uitgebreid over haar kinderen en onze vakanties. Ik ploegde ondertussen de hele leesmap door. Als ik de kinderbladen uit had, zocht ik in de tijdschriften voor grote mensen naar strips, waarvan *Jan, Jans en de kinderen* in de *Libelle* mijn favoriet was.

Op een avond zat mijn moeder op de rand van het bed van mijn zesjarige broertje Paul. Ze had hem voorgelezen uit *Paulus de Boskabouter* en wilde het licht uitdoen toen Paul vroeg: 'Mama, als jij doodgaat, trouwt papa dan met een andere mevrouw?' Mijn moeder, enigszins overvallen door de vraag, reageerde rustig: 'Ik denk het wel ja. Ik hoop het ook want papa is nog een jonge man.' Waarop mijn broertje zei: 'Zou je hem dan willen vragen of hij een vrouw met heel lang blond haar wil uitzoeken?'

De Kring

Als de wekker om zeven uur gaat, weet ik het meteen: vandaag is de grote dag van de boekpresentatie. De hele dag voel ik me een beetje opgewonden, alsof ik jarig ben. Ik word om vier uur door de medewerkers van de uitgeverij op kunstenaarssociëteit De Kring verwacht, een uur voor aanvang van de borrel.

Als ik kom aanfietsen schrik ik van de levensgrote banner met mijn afbeelding die voor de deur staat. Ideetje van de nieuwe marketingmevrouw die haar ervaring bij Mojo heeft opgedaan. Een paar maanden daarvoor ben ik gefotografeerd voor het omslag van mijn boek. De fotograaf had een windmachine in de studio waardoor mijn haar naar achteren wappert. Ik draag een knalrode jumpsuit en mijn gezicht is bruin omdat ik net terug was van een vakantie met mijn oudste dochter naar Tel Aviv. Nogal een *glamourous* auteursportret voor een boek over sterven. Maar zo uitvergroot op de banner zie ik er goed uit, stel ik tevreden vast.

Om vijf uur loopt de zaal vol, ik heb ruim honderd mensen uitgenodigd. De stemming is opperbest, zeker na het oergeestige welkomstpraatje van de uitgever. Natascha van Weezel draagt een column voor over de dood van haar vader, journalist Max van Weezel. Aansluitend zingt Angela Groothuizen een ontroerend lied over het sterfbed van haar moeder.

Daarna neem ik zelf het woord. Ik vertel over mijn dierbare vriendin Paulien, een van de meelezers van mijn manuscript, die er vandaag helaas niet bij kan zijn. Drie dagen nadat ik in november het manuscript inleverde, kreeg zij te horen dat ze een zeer progressieve vorm van borstkanker had. En maar vijf procent kans om te overleven. Onmiddellijk startte ze met de zwaarst denkbare behandeling, maar ondanks het bombardement aan chemicaliën wees een scan twee weken geleden uit dat de kanker zich er weinig van had aangetrokken; er waren uitzaaiingen in haar hersenen aangetroffen.

Vorige week lunchte ik met haar in een visrestaurant tegenover de RAI in Amsterdam-Zuid. Onder het mom 'nu kan het nog' bestelde ze oesters en rosé. Ze vertelde dat ze binnenkort met immunotherapie kon beginnen als rekmiddel, maar als dat niet zou aanslaan, zou 'Cootje om de hoek komen kijken'. Daarmee doelde ze op mijn moeder Cootje, die voor euthanasie had gekozen voordat de darmkanker haar leven tot een lijdensweg zou maken. Terwijl ze druk gebarend met haar slanke armen tegenover mij zat te praten over haar doemscenario, bedacht ik dat ik plotseling in mijn eigen boek terecht was gekomen.

Na mijn verhaal reik ik Hedy d'Ancona het eerste exemplaar van mijn boek uit. Onverwacht houdt ze een speech van twintig minuten, uit haar blote hoofd, razend grappig en supereloquent. De zaal hangt aan haar lippen. Na het applaus spoeden de gasten zich naar de bar om het op een zuipen te zetten. Ikzelf word door de publiciteitsdame van de uitgeverij naar een tafeltje gedirigeerd om te signeren. Op het tafeltje ligt mijn boek in vier hoge stapels opgetast. Vrienden en bekenden staan in de rij om een persoonlijke boodschap in hun boek te laten zetten. Vorige week had ik bedacht te signeren met 'Memonto mori, carpe diem', maar al snel kom ik erachter dat dat te veel tijd in beslag neemt en wordt het 'Voor huppeldepup, liefs, Barbara'. Mijn schoondochter Katinka verschijnt ook voor mijn winkeltje. Als ik zeg dat zij natuurlijk geen boek hoeft te kopen omdat alle kinderen er een van mij krijgen, zegt ze dat ze alleen even dag kwam zeggen. Zij en Jasper gaan de volgende dag verhuizen en er is nog zoveel te doen dat ze nu al weggaan. Ik vraag of ze er zin in heeft. Ze verhuizen van een bovenwoning in Amstelveen naar een vrijstaand huis met grote tuin aan een watertje in Berkhout, onder de rook van Hoorn. 'Nee, verschrikkelijk,' antwoordt Katinka. 'Ik zie er als een berg tegen op om daar te wonen.' Ik ben even van mij à propos, een paar maanden geleden waren ze zo verliefd op het huis dat ze twintigduizend euro boven de vraagprijs hebben geboden. Maar er staat een rij mensen ongeduldig met een boek te wachten, dus ik zeg: 'Sterkte schat, geef Jasper een kus van mij.'

Als ik alle vijftig boeken die op de tafel lagen heb gesigneerd, komt de publiciteitsvrouw naar me toe om te zeggen dat het acht uur is en dat de borrel is afgelopen. Ik kijk voor het eerst om me heen en zie dat het al behoorlijk leeg is. Er staan nog een paar groepjes mensen waarvan ik weet dat zij net als ik hopen dat de avond nog niet is afgelopen. Ik loop naar ze toe en vraag of ze meegaan naar de Kloveniersburgwal om bij mij thuis verder te drinken. Ondanks het feit dat het een doordeweekse dinsdag is, wordt er tot ver na middernacht gedanst in onze huiskamer.

De volgende dag zit ik om tien uur in de wachtkamer bij de huisarts. Met een kater, de tweede in vijf dagen. De dokter die mijn naam roept ken ik niet, het is een invaller. Ik vertel hem dat mijn kapper zag dat ik een kaal plekje op mijn hoofd heb. Hij loopt om de tafel heen, gaat achter mij staan en zoekt met zijn vingers door mijn haar. Hij kan het ook niet vinden. Ik vervloek mijn kapper, wat zit hij nou paniek te zaaien. Na nog wat woelen in mijn haar ziet de arts opeens toch iets. Niet erg opvallend, maar er is inderdaad een plekje waar minder haar groeit.

Hij gaat weer achter zijn bureau zitten en tuurt naar het computerscherm, terwijl ik de titels probeer te lezen van de boeken die achter hem in de kast staan. Na twee minuten zegt hij: 'Het kan van alles zijn. Iets hormonaals, iets met stress, een schimmel, iets met je schildklier. Maar het kan ook niets zijn of een reactie op stress. Heb je de laatste tijd last van stress gehad?' Terwijl ik daarover nadenk, zegt hij: 'Ik stel voor dat je een bloedonderzoek laat doen, daarmee kunnen we in ieder geval een aantal dingen uitsluiten.' Hij pakt een formulier waarop hij een aantal vakjes aankruist. 'Drie dagen nadat je je bloed hebt laten prikken, kun je bellen voor de uitslag.'

Omdat ik deze dag toch al had afgeschreven vanwege de voorspelde kater, fiets ik meteen door naar verzorgingshuis de Flesseman, op de hoek van de Kloveniersburgwal en de Nieuwmarkt, om mijn bloed te laten prikken. In de hal zie ik een oude bekende kunstenaar wiens naam me is ontschoten en waarvan ik weet dat die me op deze dag ook niet meer te binnen zal schieten.

De buisjes bloed lopen zo snel vol dat ik vrees dat de medewerker van Atal doorheeft dat ik de avond ervoor veel gedronken heb.

Vrijdagochtend bel ik de huisartsenpraktijk. Marina, de doktersassistente, zegt dat ze de uitslag er even bij zoekt. Als ze even later weer aan de telefoon komt, zegt ze: 'Er is helemaal niks afwijkends aan je bloed te zien, dus het is allemaal goed.' Zie je wel.

Henna

Toen ik aan het ontbijt verscheen, liet mijn moeder zich een hard 'O, nee toch!' ontvallen. Ze zat in haar badjas aan tafel terwijl de andere gezinsleden een voor een aanschoven. 'Wanneer heb je dat gedaan?' haar ogen vol afschuw. 'Gisteravond,' antwoordde ik doodkalm. Sinds ik naar de middelbare school ging, mocht ik mijn haar laten groeien en op mijn veertiende was het zo lang als ik het wilde hebben, het viel tot driekwart over mijn rug. Wat mijn ouders het vervelendste vonden was mijn pony, die ik bij voorkeur tot halverwege mijn ogen droeg. Mijn vader verzuchtte regelmatig: 'Doe dat haar uit je ogen als je me aankijkt, ik zie je niet!' Ik ging niet naar de kapper, sinds het konijnendebacle had ik een trauma opgelopen. Als mijn pony helemaal over mijn ogen viel, knipte ik hem zelf bij, met wisselend succes.

Gisteravond was ik de hele avond bezig geweest om mijn lange haar te verven met henna. Met de gele latex handschoenen van onze werkster verdeelde ik een groen lobbig prutje over de scheiding boven op mijn hoofd. Daarna masseerde ik het met mijn rubberen vingers naar beneden, streng voor streng. Toen de henna helemaal op was, pakte ik de rol huishoudfolie die ik uit de keuken mee naar boven had genomen. Ik hield de rol achter mijn hoofd en vouwde het plastic over mijn schedel. Na anderhalf uur spoelde ik de henna uit onder de douche en legde een donkerblauwe handdoek op het hoofdkussen van mijn bed.

De volgende ochtend werd ik wakker met knaloranje haar, ik

schrok er zelf ook wel een beetje van. Op de gebruiksaanwijzing stond dat de kleur na een paar dagen op z'n mooist zou zijn, dus dat zou wel goed komen. Mijn moeder stond duidelijk minder ontspannen in de situatie en vroeg: 'Hoelang blijft dat in godsnaam zitten?'

'Weet ik niet,' antwoordde ik terwijl ik een kommetje vulde met cornflakes. 'Maar aangezien ik van plan ben om het zo te houden zal ik het opnieuw verven als het uitgroeit.'

'Mijn hemel,' was het laatste wat mijn moeder erover zei.

Mijn vader besloot zich niet in deze discussie te mengen en mijn beide broertjes wekten de indruk alsof de kleur van mijn haar hen niet eens was opgevallen. Zij waren nu dertien en het ene jaar verschil tussen ons was inmiddels een onoverbrugbare kloof geworden. Ik leek wel achttien, vond ik zelf, en zij konden moeiteloos doorgaan voor tien.

Op school deed mijn nieuwe haarkleur het goed. Het zorgde er samen met de hippiekleding die ik sinds een half jaar droeg voor dat mijn alternatieve imago definitief gevestigd was.

Drie weken later stond ik met een groepje vriendinnen in het centrum van Drachten te roken. Het was vier uur 's middags en we hadden na schooltijd in de winkelpromenade een patatje speciaal gegeten. Voordat we ieder ons weegs gingen om huiswerk te maken, draaiden we nog even een Samson met Rizla Rood terwijl we alle interessante jongens in de klassen boven ons doornamen. Opeens zag ik mijn moeder lopen met een vriendin, ze liep in onze richting. Ik schrok en wilde mijn sigaret snel verbergen. Tot ik me realiseerde dat ze sinds een paar maanden wist dat ik rookte, dus dat hoefde niet. Opgelucht haalde ik adem. Toen ze bijna bij ons was en mij zag staan, sloeg ze spoorslags rechtsaf en liep de andere kant op. Had ze me nou toch niet gezien?

Tijdens het avondeten vroeg ik ernaar.

'Jawel hoor, ik zag je wel,' antwoordde ze.

'Waarom zeg jij je eigen dochter dan niet gedag als je haar tegenkomt?' vroeg ik verbolgen.

'Omdat mijn dochter eruitziet als een groezelige hippie en ik het niet nodig vind om mijn vriendinnen aan haar voor te stellen.'

Boekenbal

De eerste coronadode in Nederland, hoor ik op het Radio 1 Journaal. Ik spits mijn oren. Tot nu toe heb ik me er niet druk om gemaakt, om niet te zeggen dat het me nauwelijks interesseerde. Eerst was het een ver-van-mijn-bedshow in China, toen het in Italië uitbrak werd het een probleem van de Italianen en wintersportliefhebbers. Sinds op 27 februari de eerste coronabesmetting in Brabant is ontdekt, komt het dichterbij. Maar nu dus een dode. De nieuwslezer meldt dat het om een 86-jarige man gaat. Vanmiddag zal Rutte een persconferentie geven.

Ik zit 's middags weer bij kapper Rick om mijn haar te laten föhnen. Vanavond is het jaarlijkse Boekenbal in de Stadsschouwburg. Omdat mijn boek net is verschenen, voelt het een beetje als mijn eigen feestje. Zeker nu bekend is geworden dat mijn boek op nummer acht is binnengekomen in de bestseller top 60 van het CPNB.

'Ben je al naar de dokter geweest?' is het eerste wat Rick vraagt.

'Jazeker,' antwoord ik, opgelucht dat ik mijn belofte ben nagekomen. 'Ik heb zelfs mijn bloed laten prikken. Er is helemaal niks aan de hand.'

'Nou, dat is dan heel raar.' Rick kijkt misprijzend terwijl hij in mijn haar zit te wroeten: 'Het kale plekje is beslist groter geworden. Eerst was het een euro, nu is het al groter dan een twee-eurostuk. Huisartsen hebben ook helemaal geen verstand van haar. Als ik jou was zou ik naar een dermatoloog gaan.' Ik moet me inhouden om niet te zuchten.

Rick ziet mijn irritatie in de spiegel: 'Ik zeg het niet voor mezelf , hè? Straks is het alopecia en dan heb je spijt dat je er niet eerder bij was.'

'Wat is dat?' vraag ik opeens bezorgd.

'Dat is een ziekte waarbij je allemaal kale plekken krijgt. Dat zal het heus niet zijn, ik wil je niet ongerust maken, maar ik zou wel even naar een dermatoloog gaan.'

Om vijf uur ga ik op uitnodiging van de uitgeverij naar *Lavinia* in de Kerkstraat in Amsterdam. Het is een traditie om voorafgaand aan het Boekenbal met de medewerkers van de uitgeverij en de uitverkoren auteurs een borrel te drinken. Als ik om kwart over vijf binnenkom, is de kleine zaak al behoorlijk gevuld. Het gesprek gaat over de persconferentie. Rutte heeft gezegd dat er op dit moment geen reden is om evenementen af te zeggen. En het is volgens Rutte ook niet nodig om te stoppen met handen geven. We weten allemaal dat op het Boekenbal geen handen worden geschud maar dat er vooral heel erg veel gezoend wordt. Aan het begin van de avond geef je alle mensen die je kent drie kussen, aan het eind van de avond zoen je iedereen.

Uitgever Antje Bosscher houdt in rode lange bloemenjurk een praatje waarin ze mij haar bestsellerauteur noemt. Ik vind het een groot woord voor iemand wier tweede boek net in de schappen ligt. Als ze is uitgesproken geef ik Splinter Chabot naast me een hand. Zijn boek *Confettiregen* is twee dagen geleden verschenen. Ik zeg hem dat ik het beslist ga lezen waarop hij antwoordt dat hij mijn boek ook zal lezen. 'Nee gekkerd, jij bent vierentwintig,' zeg ik, 'jij hoeft echt niet een boek over sterven te lezen.'

De avond gaat als in een roes voorbij. Ik heb een stuk of vijftien Boekenbals meegemaakt en ik zou ze niet van elkaar kunnen onderscheiden. Ik drink, loop de hele avond rondjes en ik val iedereen om de hals. En als ze me complimenteren met mijn boek of feliciteren met mijn achtste plaats in de bestsellerlijst, val ik ze nóg een keer om de hals. Opeens is het drie uur en springen de lichten aan. De diehards strompelen naar de overkant waar nog een afterparty in De Balie is georganiseerd. Ik sta naast Jurgen van den Berg aan de bar en zeg hem dat hij mijn favoriete radiopresentator is. Terwijl hij het complimentje in ontvangst neemt stelt hij me voor aan zijn vriendin. Ze heeft prachtig lang donkerbruin krullend haar. Ik benijd voor het eerst van mijn leven het haar van een ander.

Die rooie

Mijn broertjes zijn een twee-eiige tweeling. Ze lijken helemaal niet op elkaar, in niks. De ene is extravert, technisch en sociaal, de ander introvert, creatief en dromerig. Ook qua uiterlijk kun je niet zien dat ze een tweeling zijn, ze hebben een heel andere bouw en een heel ander gezicht. Maar het meest in het oog springende verschil is dat mijn ene broertje blond is, terwijl de ander rood haar heeft. Echt rood haar, tegen oranje aan. Hij werd op school vaak uitgescholden voor vuurtoren of rode biet. En als ik vrienden die het over mijn broertje hadden vroeg wie ze bedoelden, Paul of Michiel, zeiden ze steevast: die rooie.

Mijn moeder vond het prachtig, het rode haar van de ene zoon. Ze prees het te pas en te onpas. Ik vermoedde dat ze dat deed omdat ze niet wilde dat hij onzeker werd. Of dat nodig was weet ik niet want hijzelf had het er nooit over. Het enige waar hij over klaagde was zijn gevoelige spierwitte huid. In de zomer konden Paul en ik urenlang in de zon spelen, maar Michiel moest om het kwartier worden ingesmeerd. Als we met ons rubberbootje het water op gingen moest hij altijd zijn T-shirt aanhouden, ook als hij ging zwemmen. Soms ging het toch mis en dan verbrandde hij vreselijk. Vuurrood werd zijn huid, een paar dagen later hingen de vellen erbij. Hij had ook last van zonneblaren in zijn nek. Ik kan me een vakantie in Frankrijk herinneren waarin hij drie weken lang met een boerenzakdoek om zijn nek heeft gelopen.

Op de middelbare school werd mijn roodharige broer een

knappe jongen en toen veranderde zijn haarkleur van handicap in handelsmerk. De meisjes liepen bij bosjes achter hem aan, hij had niet te klagen over aandacht.

Vanaf het moment dat Boris Becker in 1985 Wimbledon won en een internationale beroemdheid werd, werd Michiel vaak voor hem aangezien. Dat vond mijn broer grappig en soms speelde hij het spel mee. Als ik mensen nu vroeg welke broer ze bedoelden, zeiden ze: 'Degene die op Boris Becker lijkt.' Tot de bezemkastaffaire, waarbij Becker een juffrouw in de bezemkast had bezwangerd. Toen vond Michiel het niet meer leuk om voor de tennisser te worden aangezien.

Niet lang daarna loste het probleem zichzelf op. In 2003 werd mijn broer op 35-jarige leeftijd een diep religieuze moslim en schoor hij zijn hoofd helemaal kaal. Sindsdien heeft hij alleen nog een heel lange rode baard.

Paulien

Het duurt erg lang voordat de deur wordt opengedaan, ik aarzel om de bel nog een keer in te drukken. Ik doe het niet want ze loopt moeilijk en ik wil niet dat ze zich opgejut voelt. Rustig kijk ik om me heen de Frans van Mierisstraat in, de straat in Amsterdam-Zuid waar Paulien al zo lang als ik haar ken woont. Als de deur opengaat schrik ik. Haar grote, altijd sprankelende ogen kijken verdrietig. Ze staat scheef, haar linkerschouder hangt naar beneden, haar linkerarm slap langs haar lichaam. 'Dag schat, kom binnen,' ze probeert monter te klinken maar dat lukt niet. Ik geef haar een knuffel, die ze beantwoordt door haar rechterarm om me heen te slaan. Daarna loop ik achter haar aan de huiskamer in en ploffen we op de immense hoekbank.

Vorige week zaten we op dezelfde bank, op dezelfde plaats. Alleen zaten haar twee volwassen dochters, haar broer en een goede vriend toen ook op de bank. Crisisberaad. De uitzaaiingen in de hersenen hadden ertoe geleid dat de linkerkant van haar lichaam voor een gedeelte verlamd was geraakt. Los van de fysieke beperkingen was ze angstig en onzeker. We spraken af dat ze niet meer alleen mocht zijn en maakten met z'n vijven een rooster voor dag en nacht. Vandaag is mijn 'dienst'.

'Morgenochtend wordt mijn hoofd bestraald,' steekt Paulien van wal. 'Ik krijg een soort Hannibal Lecter 2.0-achtige installatie om mijn hoofd en dan word ik drie uur lang bestraald. Ik zie er verschrikkelijk tegen op maar het is de enige manier om de popcorn in mijn hoofd te vermorzelen.'

'Hoe groot is de kans dat dat lukt?' vraag ik.

'Dokter Jan,' zoals ze haar oncoloog noemt omdat hij op Marc Klein Essink uit *Medisch Centrum West* lijkt, 'doet niet aan kans berekenen. Hij zegt dat de tumoren in mijn borsten significant kleiner zijn geworden en als de hersenen weer schoon zijn, kunnen we met immunotherapie starten om die tumoren nog kleiner te krijgen zodat ik geopereerd kan worden. In theorie kan ik nog genezen, maar ik kan ook binnen een jaar dood zijn. Ik hoop dat ik op z'n minst nog een paar jaar heb. Ik ben nog niet klaar, Bar.'

Terwijl ze die woorden uitspreekt kijkt ze me met een mengeling van angst en verdriet aan. Ik zou iets optimistisch willen zeggen, maar kan het niet. In plaats daarvan vraag ik wat ze wil. Ze wil graag in bed liggen, ze is vreselijk moe.

Ik loop met haar naar de slaapkamer. Achter haar bed staat een stang waaraan een driehoek bevestigd is die boven haar bed bungelt.

'Dat heet een papegaai,' zegt Paulien als ze ziet dat ik ernaar kijk, 'daaraan kan ik me optrekken om uit bed te komen want dat lukt me anders niet.' Ze gaat in haar kleren boven op het dekbed liggen en vraagt of ik vanavond wil koken. Haar oudste dochter heeft boodschappen gedaan; er liggen gebraden kippenpootjes, kant-en-klaar gegratineerde aardappelschijfjes en ingrediënten voor een salade in de koelkast. Terwijl zij een dutje doet, maak ik mezelf wegwijs in de keuken. In de ruim dertig jaar dat we bevriend zijn, heb ik nog nooit in haar keuken gestaan. Zij zelf ook nauwelijks, vermoed ik.

Als we om zeven uur tegenover elkaar aan tafel zitten, probeer ik voorzichtig het onderwerp aan te snijden. Ze veegt het onmiddellijk van tafel, doodgaan is absoluut niet aan de orde. Ze 'voelt' dat het haar tijd nog niet is, ze herhaalt dat ze nog niet klaar is.

Als het moment daar is, is ze vroeg genoeg voor euthanasie, ze zal de regie over haar sterven zelf in de hand nemen. Maar zover is het nog niet, dokter Jan heeft gezegd dat zij naar alle waarschijnlijkheid heel goed zal reageren op die immunotherapie.

Ik vraag haar waarom ze zo angstig is. 'Dat komt door het geloof,' vertelt ze. In haar tienerjaren heeft ze zich gedistantieerd van het strenge geloof waarmee ze is opgevoed. Nu wordt ze lastiggevallen door demonen uit het verleden. Het is haar eigen schuld dat ze kanker heeft gekregen, had ze maar niet zo goddeloos moeten leven, haar moeder heeft haar altijd gewaarschuwd voor de consequenties. Ze ligt 's nachts wakker, kan niet slapen van de gedachte dat ze een slecht mens is en de ziekte over zichzelf heeft afgeroepen.

Terwijl ze tot mijn deugd gretig haar bord leegeet, vertel ik haar dat ze een heel goed mens is en dat ze al meer dan drie decennia een van mijn beste vriendinnen is. Dat ik niemand ken die zo scherp, analytisch, eloquent, geestig en gul is. De woorden rollen zo automatisch uit mijn mond dat het lijkt alsof ze er al lagen te wachten tot iemand me zou vragen Paulien te beschrijven. Ze is niet gevleid, ze haalt haar ene schouder op.

'Lief dat je het zegt, maar ik vind mezelf geen goed mens. Mijn werk in de marketing was oppervlakkig, ik leefde hedonistisch, en ik ben te kritisch en te hard van oordeel geweest. Dit is mijn straf.'

Terwijl ik opsta om de borden af te ruimen probeer ik in alle toonaarden duidelijk te maken dat kanker nooit een straf is, maar een Russische roulette die ons allemaal, elke dag kan treffen.

Na het eten gaan we samen in haar grote bed liggen om naar de Netflix-serie *Bridgerton* te kijken. Op een gegeven moment hoor ik gesnurk en als ik naast me kijk ligt ze te slapen. Die heel grote, stoere vriendin is een klein bang mensje geworden.

Om zes uur gaat de wekker. We moeten over een uur klaarstaan want dan wordt ze door haar jongste dochter opgehaald om naar het Antoni van Leeuwenhoekziekenhuis te gaan voor de bestraling. Ze gaat eerst onder de douche, waar inmiddels een krukje van de thuiszorgwinkel is neergezet zodat ze kan zitten. Nadat ik haar geholpen heb met aankleden, neemt ze aan de keukentafel plaats om zich op te maken. Op de tafel staat haar beautycase waar ze met haar rechterhand eerst een doosje, dan een kwastje en dan een potloodje uit pakt. Met routineuze gebaren tovert ze haar naturelle gelaat om in een glamourgezicht. De grootste uitdaging wordt het föhnen van haar haar, want dat kan ze niet met één arm. Ze wil per se zelf met haar rechterhand de ronde borstel hanteren, ik moet warme lucht in de zachtste stand blazen. Ze heeft prachtig glanzend haar, altijd al gehad. Ik realiseer me opeens dat ik nog een afspraak moet maken met de dermatoloog.

Boek the party

De telefoon gaat. Op de display van de carplay zie ik dat het Wouke is. Het is woensdag 11 maart en samen met mijn vriendin Maartje ben ik op weg naar Doetinchem, waar ik die avond te gast ben in de talkshow *Boek the party*. Als ik opneem, schalt de gedistingeerde stem van Wouke door de auto.

'Lieverd, we kunnen elkaar geen drie kussen geven straks.' Ik moet even schakelen. Waar heeft ze het over? Onnozel vraag ik waarom niet.

'Vanwege corona!' roept ze uit. 'Het gaat nu heel hard, het grijpt echt om zich heen, het is levensgevaarlijk!'

Wouke komt meteen door met de feiten: 'Er zijn vandaag 121 nieuwe besmettingen in Nederland bij gekomen, daarmee is het landelijk totaal opgelopen tot 503. Er is al een vijfde persoon overleden. Vandaag is de corona-uitbraak officieel tot pandemie verklaard.' Ik betrap mezelf erop dat ik het allemaal een beetje overdreven vind. Vijf doden? Er gaan per dag 414 mensen dood in Nederland, weet ik door mijn boek. In dat licht bezien vallen vijf doden in een week wel mee. Maar ik ken mijn pappenheimers, dus ik spreek Wouke niet tegen. Ze belt me omdat het anders wat ongemakkelijk wordt als we elkaar straks zien en zij weg moet duiken als ik haar wil kussen. Ik vind dat attent en beloof haar niet te zullen aanraken. Ze moet nu ophangen want ze wil nog met de organisatie van de talkshow bellen om ervoor te zorgen dat er voldoende ruimte zit tussen de stoelen: 'Ik wil niet op mijn geweten hebben dat er een uitbraak komt tijdens mijn avond.'

De volgende ochtend rijden we meteen na het ontbijt in hotel Ruimzicht terug naar Amsterdam. Ik heb tegen Maartje gezegd dat ik om elf uur een afspraak heb. Even overwoog ik om te zeggen met wie, maar dan zou ze ongetwijfeld mijn kale plekje willen zien en daar heb ik geen zin in.

'Ja, ik zie het,' zegt Reina Krijnen, de dermatoloog, terwijl ze met haar vingers door mijn haar woelt. 'Het is geen groot plekje, en ook niet heel duidelijk. Maar je ziet wel dat hier minder haar groeit. Het is alleen de vraag hoe dat komt.'

Ze gaat weer tegenover mij zitten aan haar bureau en legt uit dat de haaruitval verschillende oorzaken kan hebben. Iets hormonaals, of een gevolg van stress. Maar het kan ook alopecia areata zijn.' Dat was de term die Rick ook gebruikte, herinner ik me weer. 'Alopecia is een aandoening waarbij er kale plekken op het hoofd ontstaan, in tachtig procent van de gevallen gaat het vanzelf weer over. Het is alleen geen duidelijke alopecia dus als we het zeker willen weten, of willen uitsluiten, moeten we een biopt nemen dat ik door het lab laat onderzoeken.' Als ik nu tijd heb, kan ze informeren of er ruimte is in de behandelkamer. Tuurlijk, laten we de koe maar meteen bij de hoorns vatten.

Even later lig ik op een bank onder een fel operatielicht. Dokter Krijnen instrueert twee assistenten. Het nemen van een biopt is ingrijpender dan ik dacht. Eerst krijg ik een verdovende injectie in mijn hoofdhuid en nadat een stukje huid wordt verwijderd, worden er twee hechtingen geplaatst. Over een week verwacht ze me terug voor de uitslag.

Als ik thuiskom ga ik meteen achter de computer zitten om Alopecia areata te googelen. Op Wikipedia lees ik dat de naam 'pleksgewijze kaalheid' betekent. Het is een auto-immuunziekte waarbij het eigen auto-immuunsysteem de haarwortels aanvalt. Het verloop van de ziekte is grillig, het is niet te voorspellen of het haar terugkeert. In tachtig procent van de gevallen herstelt het haar zich, zoals de dermatoloog al zei.

Ik lees niet verder, wat heeft het voor zin als ik toch niet weet of ik dit heb. Wat ik wel doe, is bij de zoekterm alopecia areata nog even op afbeeldingen drukken. Dat had ik beter niet kunnen doen, al die hoofden met kale plekken zien er eng en onsmakelijk uit. Gauw klik ik het venster weer weg.

De pil van Drion

In mijn mailbox zit – tussen alle interviewaanvragen – een mailtje zonder onderwerp, van een onbekende afzender. 'Beste Barbara, je laat bij herhaling in interviews vallen dat je voor euthanasie en de wet op voltooid leven bent, maar ook voor legaliseren van het laatste-wil-middel. Als je een portie wilt hebben, moet je dat laten weten. De kosten zijn vijftig euro.'

Ik staar naar het scherm. De afzender is goed op de hoogte. Ik heb de afgelopen twee maanden tientallen interviews gegeven naar aanleiding van mijn boek. Ik benadruk in ieder gesprek het belang van praten over de dood om het taboe te doorbreken. Daarnaast is het belang van zelfbeschikking en autonomie – op een zelfgekozen moment op een humane manier kunnen sterven – mijn stokpaardje. Het klopt wat anoniempje schrijft: ik ben voorstander van 'het laatste-wil-middel'. Ik heb er weleens aan gedacht om voor 250 euro een enveloppe met het dodelijk middel in China of Mexico te bestellen, maar dat zijn toch schimmige routes en daar ben ik te schijterig voor. Nu wordt het me aangeboden voor vijftig euro. Als het hier een oplichter betreft, is dit bedrag te overzien.

Ik besluit terug te mailen: 'Je hebt me goed gevolgd, ik zou het inderdaad best willen hebben. Op welk rekeningnummer kan ik vijftig euro overmaken?' Per omgaande krijg ik bericht terug. 'Geld overmaken is niet nodig. Dat kun je geven bij overhandiging. Zou jij op 5 maart om twaalf uur bij de Starbucks kunnen zijn op het Centraal Station in Amsterdam? De koerier heeft een felblauw jack, een zwartomrande bril en is kaal.' Opwinding maakt zich van mij meester, het lijkt wel een film. Ik mail terug dat ik er zal zijn.

Ik vertel Thomas tijdens het avondeten opgetogen over mijn afspraak met de illegale koerier. Hij vindt het maar niks. 'Waarom zou je in godsnaam zo'n pil in huis willen hebben, je bent nog piepjong.' Voordeel van een bijna twintig jaar oudere man is dat hij je altijd als een groen blaadje blijft zien terwijl ik al lang en breed een vrouw van middelbare leeftijd ben. Ik antwoord dat ik een hersenbloeding kan krijgen waar ik verlamd en van mijn spraak beroofd uit kan komen. Het is beslist geen sinecure om dan euthanasie te krijgen. Het lijkt me heel geruststellend als ik de touwtjes van mijn leven én sterven zelf in handen kan houden.

Enigszins overtuigd door dit argument vindt Thomas het toch geen goed idee om met een volstrekt onbekend iemand af te spreken op basis van een anonieme mail. Hij zegt dat hij voor de zekerheid toevallig op dat moment een kopje koffie in de Starbucks drinkt. Ik vind het overbezorgd, het is midden op de dag en op het Centraal Station is het altijd druk.

Als ik om vijf voor twaalf binnenkom in de klassieke ruimte, zie ik Thomas in het uiterste hoekje aan een tafeltje zitten, verstopt achter een *Volkskrant*. Die moet hij voor de gelegenheid gekocht hebben want wij lezen thuis de kranten digitaal. Ik scan de ruimte van links naar rechts en ja, daar zie ik een kale man aan een tafeltje zitten in een blauwe jas. Als ik vlak voor hem sta, staat hij op en geeft mij een hand. 'Nico,' zegt hij, zonder een achternaam te noemen. Terwijl hij mijn hand vasthoudt, vervolgt hij: 'Ik sta nu met mijn rug naar de camera van het café dus dit is het beste moment. Ik haal nu uit mijn jaszak een plastic zakje waarin de pil zit, jij kunt mij de vijftig euro overhandigen en de pil meteen opbergen.' Als de transactie voltooid is, gebaart hij me te gaan zitten en vraagt me wat ik wil drinken.

Als hij even later terugkomt van de bar met twee cappuccino en rustig is gaan zitten, zegt hij: ‘Zal ik beginnen met de gebruiksaanwijzing?’

Hij legt uit dat in het zakje vier kleine pilletjes en één grote capsule zitten. De kleintjes zijn Domperidontabletten, een antibraakmiddel. Acht uur voorafgaand aan het moment dat je de grote pil neemt, moet je om de twee uur een tablet nemen zodat je niet misselijk wordt op het moment suprême. De grote capsule kun je doorslikken maar als je moeite met slikken hebt, kun je hem ook breken en het poeder door de vla doen. Binnen een half uur overlijd je gegarandeerd. De Domperidontabletten hebben een uiterste houdbaarheidsdatum. Als je ze na vijf jaar wilt innemen, moet je een smoesje gebruiken om aan je huisarts een recept voor nieuwe te vragen. De dodelijke pil heeft geen houdbaarheidsdatum want dat is geen medicijn maar gif, dus die werkt ook nog als ik honderd ben.

Of ik nog vragen heb. Ik vraag Nico voor welke organisatie hij werkt. Met een vriendelijke glimlach zegt hij dat hij beslist niet voor ‘een organisatie’ werkt.

‘Ook niet voor de Coöperatie Laatste Wil?’ Ik vraag het omdat de CLW ervan verdacht wordt het Middel X, zoals zij dat noemen, illegaal te verspreiden.

‘Absoluut niet,’ antwoordt Nico stellig. Maar hoe komt hij dan aan de pillen en waarom doet hij dit, wil ik heel graag weten. Nico legt uit dat hij een gepensioneerde notaris is en dat hij zijn hele leven al strijdt voor zelfbeschikking. Hij is al sinds de oprichting in 1973 lid van de NVVE, de Nederlandse Vereniging van Vrijwillig Levenseinde. Maar hij vindt dat je voor euthanasie nog steeds veel te afhankelijk bent van de overheid, terwijl niet alleen het recht op leven, maar ook het recht op sterven in de wet verankerd zou moeten liggen. En zo lang dat niet het geval is, doet hij dit ‘vrijwilligerswerk’, samen met een clubje gelijkgestemde zielen.

De pil wordt gemaakt door een apotheker in ruste met ingrediënten uit China en Engeland. De illegale koeriers leveren ze door heel het land. Ik vraag Nico wie hun 'klanten' zijn.

'De meeste mensen hebben een hoge leeftijd,' zegt hij. 'Ze hebben vaak veel ouderdomsgebreken en vinden hun leven voltooid.' Ik ben benieuwd waarom ze mij hebben gemaild.

'We volgen jou in de media en we vinden jouw boek belangrijk omdat jij het onderwerp "kwaliteit van sterven" op de kaart zet. De reden dat we jou mailden is om je te laten weten waar wij voor strijden en wat onze missie is. Wij vinden dat niemand van een flat of voor de trein hoeft te springen. Dat ieder mens recht heeft op een humane dood.' Ik knik instemmend en bedank Nico voor het vertrouwen. Als ik opsta, zie ik dat het tafeltje waaraan Thomas de krant zat te lezen leeg is.

Thuis maakt zich een merkwaardig gevoel van opluchting van mij meester. Ik leg het zakje met de pillen op tafel en kijk ernaar alsof het een waardevolle buit betreft. Ik kan, hopelijk pas over veertig jaar, mijn ogen definitief sluiten op het moment dat ik dat wil. Maar waar moet ik dat zakje laten? Niet in het medicijnkastje, je zal je maar per ongeluk vergissen. Ook niet in mijn nachtkastje, het moet natuurlijk niet binnen handbereik liggen. Ik zal me maar somber voelen en m'n relativeringsvermogen voor een moment kwijt zijn. Of ik ben woedend op Thomas en strooi de poeder in mijn razernij door zijn yoghurt. Mijn waardevolle buit transformeert opeens in een levensgevaarlijk wapen.

Ik loop naar mijn werkkamer en pak het ijzeren brandveilige kistje dat ik van mijn vader heb geërfd uit de kast. Het sleuteltje zit gewoon in het slot, de deksel springt open. Onder in het kistje liggen ons trouwboekje en de paspoorten. Die kunnen wel ergens anders bewaard worden. Ik stop het zakje in het kistje en draai het op slot. De sleutel stop ik in een doosje in mijn bureaula. Ik loop met het kistje naar onze berging beneden in het gebouw en zet het op de onderste trede van de ijzeren stellingkast, achter een doos met kerstverlichting.

Als we om vijf uur samen een glas wijn drinken in de huiskamer, vraagt Thomas hoe het gegaan is met de pil van Drion. Ik wil eerst weten waarom hij opeens vertrokken was. Hij zegt dat zijn zorgen als sneeuw voor de zon waren verdwenen toen hij de koerier zag. Het leek hem een intelligente, betrouwbare man. Ik zeg dat dat klopte, dat het een gepensioneerde notaris was met een missie. Thomas vraagt waar de pil nu is.

'Dat zeg ik niet,' antwoord ik, 'ik heb hem heel goed verstopt.'

Parijs

We zijn vroeg op het station, de Thalys vertrekt pas over een half uur. Ik app Laura, de middelste dochter, of zij en Lukas er ook al zijn. 'We vertrekken zo, we zijn ruim op tijd!' appt ze terug. Terwijl Thomas zegt dat hij twee bekers cappuccino gaat halen, duik ik de AKO aan de IJ-passage in. Meteen bij de ingang stuit ik al op de Top-10. En verdomd, daar staat mijn boek op nummer 7. Links naast mijn boek staat Herman Koch met *Finse dagen*, rechts ervan *De zin van het leven* van Fokke Obbema. Trots concludeer ik dat ik me in goed gezelschap bevind. Er komt een berichtje binnen van Laura: 'Wij lopen vast naar perron 15.'

We zitten twee aan twee tegenover elkaar in een vierpersoonszitje. Laura tegenover mij, Lukas, haar vriend, tegenover Thomas. Laura's handen liggen op haar buik. Ze is zeven maanden zwanger, over een maand gaat ze met zwangerschapsverlof. We gaan naar Parijs om Thomas' verjaardag te vieren en om de kinderloze jaren van het stel af te sluiten. Laura straalt, de zwangerschap verloopt vlekkeloos.

Lukas zit er als een trotse aanstaande vader naast. Onlangs heeft hij de baby officieel erkend. Het wordt een meisje en ze hebben een tijdje gesteggeld over de achternaam. Lukas wilde graag dat het kind zijn achternaam zou krijgen want hij is enig kind en zijn vader is drie jaar geleden overleden. Maar Laura liet zich niet voor één gat vangen; zij vond het onzin dat de achternaam van kinderen nog steeds moeiteloos geconfisqueerd wordt door de vaders. Toen ze had uitgezocht dat het sinds 1998 mogelijk is kinderen de achternaam van hun moeder te geven, maar dat ruim twintig jaar later slechts tien procent van de baby's daadwerkelijk de naam van de moeder draagt, had ze Lukas overtuigd. Hij was het met haar eens dat hier nog flink wat te emanciperen viel en ze moesten hun dochter het goede voorbeeld geven.

Ik post een selfie van Thomas en mij in de rode velours Thalysstoelen op Facebook en Instagram. Eronder zet ik de weinig originele tekst: 'Paris, here we come!' Als ik even later mijn tijdlijn check, zie ik twee opmerkingen onder mijn post op Facebook: 'Dat je dat durft!' en 'Vind je dat wel verantwoord?' Ik lees ze ietwat verbouwereerd voor, waarop Laura zegt dat ze voor vertrek door meerdere mensen is aangesproken of dat wel kon, reizen terwijl corona om zich heen aan het grijpen is.

Gisteren werden door het kabinet coronamaatregelen afgekondigd. Rutte wordt inzake de crisisbeheersing geadviseerd door het Outbreak Management Team. We moeten vaak onze handen wassen, niezen en hoesten in onze elleboog en als we klachten hebben moeten we thuisblijven. Kwetsbare ouderen wordt geadviseerd om niet de deur uit te gaan. Over reizen is alleen gezegd dat er geen vluchten meer naar Nederland mogen vertrekken uit Italië, China, Hongkong, Zuid-Korea en Iran. Volgens mij doen wij niets verkeerd door naar Parijs te gaan.

Even later krijg ik een appje van Wouke: 'Sta versteld van jullie courage om toch naar Parijs te gaan. Oudjes als wij, en dus ook Thomas, moeten thuisblijven van het RIVM!' Thomas wordt zondag weliswaar 72 maar ik zie hem toch niet als kwetsbaar oudje, of althans, zo heb ik hem tot nu toe niet gezien. Ik app vrolijk terug: 'We gaan juist naar Parijs om Thomas' verjaardag te vieren. Niks aan het handje!'

Laura heeft voor de komende vier dagen acht restaurantreserveringen gemaakt; vier voor de lunch en vier voor het avondeten. Ze is met Lukas vaak in Parijs geweest, en ze heeft een hele lijst geheimtips, klassiekers en hippe *places to be* in haar telefoon staan.

De eerste dag lunchen we bij de klassieke Franse bistro Chez Janou. In het overvolle zaakje is corona heel ver weg. We eten kikkerbillen, coquilles en steak tartare, waar Lukas passende wijnen bij kiest. We zitten er uitgelaten bij met z'n viertjes. Mijn hele agenda is vanaf komende week tot eind juni volgeboekt met signeersessies en lezingen. Laura's bruine ogen sprankelen van geluk. Ze is sinds 1 januari mede-eigenaar van Café-Restaurant Amsterdam, het grootste restaurant van de stad. Horecaondernemers Milène Hoving en Charles Hollenkamp zijn het 23 jaar geleden begonnen, geïnspireerd door Chartier, de oudste brasserie in Parijs.

Vorige zomer hebben ze Laura, die er al vier jaar bedrijfsleider was, samen met chef-kok Ruud gevraagd om voor de helft van de aandelen mede-eigenaren te worden. De timing was niet ideaal want Laura en Lukas hadden net besloten dat ze graag een kindje wilden. Ze hadden acht jaar een relatie, waarvan vier jaar samenwonend, en het moment voor gezinsuitbreiding was aangebroken.

Toen Laura haar vriend vertelde dat ze eigenaar van het restaurant kon worden, had hij even enthousiast als trots gereageerd. Haar bedenkingen of het wel te combineren viel met een gezin, ze wilden graag een kind of drie, vier, had hij onmiddellijk weerlegd. Hij werkte als ober in een ander restaurant en had niet zoveel ambitie als zij. Hij vond het prima om de taak van huisman op zich te nemen. 'Je vader is mijn grote voorbeeld,' had hij gezegd, doelend op Thomas die huisman was toen onze kinderen klein waren en ik een fulltime baan als hoofdredacteur had. 'En als je de kinderen mist,' had Lukas eraan toegevoegd, 'gaan we in het restaurant van mama eten.' Ik kijk naar mijn dochter van zesentwintig die de gamba's flambé au pastis zit te pellen en stel tevreden vast dat ze heel gelukkig is.

Als we zaterdag aan het eind van de middag in het grote appartement van onze vrienden een glaasje wijn en een kaasplank consumeren, zegt Thomas terwijl hij op zijn telefoon kijkt dat in Parijs een lockdown wordt afgekondigd. Vanaf twaalf uur vannacht zullen alle winkels, restaurants en bars dichtgaan. Als Thomas is uitgesproken, blijft het even stil. We kijken elkaar aan. Hoewel de omvang van het woord 'lockdown' niet echt tot me doordringt, maakt een unheimisch gevoel zich van mij meester. Lukas doorbreekt de stilte: 'Corona is een heel groot gevaar voor de volksgezondheid.' Waaraan ik toevoeg: 'En misschien wordt het een nog groter gevaar voor de economie.'

De volgende ochtend loop ik hard door Parijs. Het is een surrealistische gewaarwording; de stad is compleet uitgestorven. De stilte, de gesloten deuren en de lege boulevards hebben iets magisch, maar tegelijkertijd ook iets onheilspellends. Normaal ren ik vijf kilometer door de stad, nu worden het er moeiteloos tien.

Als ik terugkom in het appartement, zit Laura met een beteuterd gezicht aan tafel. 'Wat moeten we de komende dagen doen? Álle restaurants, winkels en musea zijn dicht.' Ik heb geen antwoord.

'Leuke verjaardag,' zegt Thomas vanaf de bank terwijl hij voor zich uit staart. O God, dat is waar ook, hij is jarig. Die middag zouden we een feestelijke lunch genieten bij La Coupole. We hebben nog wel wat boodschappen in huis, maar veel verder dan een stokbroodje kaas zal zijn verjaardagslunch niet reiken. Ik zucht.

Lukas volgt het nieuws: 'In Nederland is de lockdown ook afgekondigd. Om zes uur vanmiddag gaan alle eet- en drinkgelegenheden tot 6 april dicht. Ook alle sport- en fitnessclubs moeten sluiten.' Corona is opeens een olievlek geworden die zich razendsnel over alle landen verspreidt, voor het eerst voelt het beangstigend.

'Misschien moeten we onze tickets vervroegen, voordat we

hier niet meer wegkomen,' oppert Laura. Ik heb er altijd van gedroomd om in Parijs te wonen, maar de gedachte dat we vast komen te zitten in de spookstad die het nu is, beneemt me de adem. Laura's duimen tikken op het scherm van haar telefoon. 'We kunnen de tickets omboeken van dinsdagavond naar maandagochtend.'

De volgende ochtend halen we de koelkast voor de zekerheid helemaal leeg, omdat we niet weten wanneer onze vrienden hun Parijse woning weer kunnen bereiken. Als de Thalys in beweging komt, halen we opgelucht adem.

Klassenfoto 1981

Het gymnasium op het Ichthus College in Drachten – een christelijke scholengemeenschap voor havo, atheneum en gymnasium – was zo impopulair dat het bijna opgeheven dreigde te worden. Meneer Swart, mijn leraar klassieke talen, studeerde naast zijn baan Engels omdat hij bang was dat hij werkloos zou raken als de laatste gymnasiast de deuren achter zich dicht zou trekken. Ondertussen probeerde de school het gymnasium aantrekkelijker te maken door mij elk jaar een praatje in de aula te laten houden op de open dag. Als zo'n hippieachtig brutaal meisje zo oprecht enthousiast de voordelen van het gymnasium wist op te sommen, zouden aanstaande scholieren hopelijk concluderen dat het gymnasium niet alleen voor studiehoofden bedoeld was.

Mijn wervende optreden had op mijn eigen klas echter geen effect. Het gymnasium alpha-klasje van meneer Swart, hij gaf ons vier uur per week Latijn en vier uur per week Grieks, bestond uit elf leerlingen. Acht meisjes en drie jongens. In de gymnasium bèta-klas was de verhouding jongens en meisjes omgekeerd.

Op de klassenfoto uit 1981 zit ik pontificaal in het midden op de voorste rij, naast Hans, met wie ik een duobaan 'klassenleerling' vervulde. We houden samen het klassenboek vast. Hans' vingers zijn geel van het roken, hij maakte zijn shagjes altijd pas uit als ze te klein waren om er nog aan te lurken. Ik heb lang rood haar en mijn ogen, nauwelijks te zien vanwege mijn lange pony, zijn zwart omrand met kohlpotlood. Ik heb een driekwartbroek aan waarover ik een lange blouse en een bodywarmer draag. Aan mijn voeten Chinese kungfuschoentjes. Om mijn schouder hangt een linnen tasje met kwastjes eraan.

Aan de andere kant van mij zit Bineke, het enige andere meisje in de klas met lang haar. Haar haar is lichtblond en ze heeft net als ik ook een lange pony. Ze draagt een lange zwarte jurk met een turquoise maillot en groene laarsjes. Naast haar zit Tjitske, die eruit springt omdat ze een hanenkam heeft, met drie kleuren. Paars, geel en cyclaam. Ze heeft een zwartleren broek aan met daaronder kistjes.

De andere vijf meisjes in de klas hebben kort haar en dragen allemaal een bril. Echte gymnasiasten, dat zie je zo. Studiebolletjes, die we ook wel 'zuurtjes' noemden. Terwijl ik me in mijn vrije tijd bezighield met jongens en uitgaan, zaten zij gebogen over Plato en Tacitus. Ze dragen allemaal een non-descripte trui, een donkere broek en degelijke stappers. Niet bezig met hun kleding, noch met de lengte of de kleur van hun haar.

Lockdown 1

Zevenentwintig blauwe bolletjes in mijn mailbox. Ik heb ze nog niet aangeklikt omdat ik aan de afzender en het onderwerp van de mail kan zien wat de inhoud is. Ik zit achter mijn bureau in ons huis op de Kloveniersburgwal in Amsterdam en in plaats van me voor te bereiden op lezingen, moet ik mailtjes met afzeggingen beantwoorden. 'Niks aan te doen, overmacht. Hopelijk kan het later dit jaar nog doorgang vinden.' Als ik alle mails beantwoord heb, is mijn agenda tot 6 april leeg, net zo leeg als de stad.

De volgende dag heb ik een afspraak bij dokter Krijnen, ze heeft de uitslag van het biopt. Ik ben er helemaal niet meer mee bezig geweest, maar op de fiets naar de Nieuwe Weteringstraat schieten de beelden van de hoofden met enge kale plekken me te binnen.

De dermatoloog stelt me meteen gerust. 'Het is geen alopecia heeft het lab uitgewezen, dat is het goede nieuws.'

'Is er dan ook slecht nieuws?' vraag ik afwachtend.

'Het is lastig in te schatten wat het dan wel is,' antwoordt dokter Krijnen, terwijl ze me met een empathische blik aankijkt. 'Het meest lijkt het nog op telogeen effluvium. Dat is een vorm van haaruitval die meestal optreedt na een stressvolle gebeurtenis. Zo'n maand of vier na die stressvolle periode wordt het zichtbaar. Heb je misschien iets meegemaakt waar dit toe kan leiden?'

Ik tel snel terug: februari, januari, december, november. Mijn gedachten gaan onmiddellijk naar mijn schoondochter Katinka, al dertien jaar de vriendin van onze zoon Jasper. Een mooie, intelligente vrouw van veertig en een liefdevolle moeder voor ons kleinzoontje Jesse van drie.

Toen Jesse anderhalf was besloten zijn ouders op wereldreis te gaan. Katinka had het appartement aan de Overtoom in Amsterdam dat ze geërfd had van haar vader verkocht en zodoende was er geld. Onder het mom 'nu kan het nog want Jesse hoeft nog niet naar school' hadden ze plannen gemaakt voor een reis van een jaar. Ze schaften een tweedehands motorhome aan om een half jaar door Europa te reizen. In juni zouden ze vertrekken om via Scandinavië, Polen, Estland, Letland en Kroatië naar Zuid-Europa af te reizen en dan via Italië te eindigen in Spanje of Marokko. Met kerst zouden ze terugkeren om even aan de kerstdis aan te schuiven. In januari zou de wereldreis per vliegtuig voortgezet worden en stonden Zuid-Afrika, Mozambique, Thailand en Australië op het programma. Ze verhuurden hun bovenhuis in Amstelveen voor een jaar aan Japanse expats en vertrokken met goede zin. De aanvankelijk vrolijke reisverslagen op Polarsteps vielen na een paar maanden stil. En ook het facetimen werd steeds minder.

Katinka was twaalf jaar daarvoor gediagnosticeerd met een bipolaire stoornis. Met de juiste medicijnen kon ze daar redelijk tot goed mee functioneren. Tijdens de reis ging het mis. Ze werd somberder en somberder, tot ze zo somber was dat ze de camper niet meer uit kwam.

Jasper besloot haar in november met Jesse op het vliegtuig terug naar Nederland te zetten en reed zelf in zijn eentje de motorhome terug. Omdat hun eigen huis tot eind mei verhuurd was, bivakkeerden ze bij ons. Katinka bezocht haar psychiater, die concludeerde dat de medicijnen die ze altijd nam niet meer werkten en schreef andere voor. Tijdens het kerstdiner moest ze tijdens het traditionele rondje – onze persoonlijke hoogte- en dieptepunten van het afgelopen jaar – heel hard huilen. Ze voelde zich nog steeds zwaar depressief. De mogelijkheid bestond om een tijdelijke flat in Amstelveen te huren, maar als je dan toch depressief bent in januari kun je beter op het strand in Thailand liggen, was de redenering. Bovendien zouden de nieuwe medicijnen hopelijk ook hun werk gaan doen, want voordat antidepressiva aanslaan ben je zo een paar weken verder.

Het strand op het paradijselijke eiland Koh Phayam miste helaas zijn uitwerking, Katinka werd alsmaar depressiever. Ze was zelfs niet in staat om te genieten van de tweede verjaardag van Jesse, die met Thaise kinderen op het eiland werd gevierd. Jasper belde in februari op dat hij tickets voor de terugreis had geboekt, en dat daarmee definitief een einde kwam aan de wereldreis. Ze zouden een appartement huren tot ze hun eigen huis weer in konden, Katinka had dringend hulp nodig.

Vanaf het moment dat ze weer voet zetten op Nederlandse bodem kwam mijn schoondochter terecht in de mallemolen van de ggz. De ene na de andere psychiater ontfermde zich over haar, er werd driftig geëxperimenteerd met medicijnen. Van het ene werd ze manisch, van het andere totaal indolent. De juiste mix werd niet gevonden, en ze raakte steeds wanhopiger.

In oktober, ik had me teruggetrokken in ons huis in Friesland om aan mijn boek te werken, belde Jasper op een avond in paniek op. Op de achtergrond hoorde ik Katinka geluiden maken die leken op het gebrul van een dier in nood.

'Ik heb 112 gebeld,' zei Jasper, 'ze zijn onderweg. Ze nemen haar mee naar de crisisdienst van de ggz, ik kan haar zo niet thuishouden. Ik durf haar niet alleen te laten, ik durf niet eens naar boven te gaan om Jesse in bed te leggen.'

'Waar is Jesse nu?' reageerde ik geschrokken.

'Hij zit in een hoekje van de huiskamer met zijn brandweerauto te spelen.'

'En wat doet Katinka?'

'Zij loopt door de kamer te ijsberen, ze is heel angstig, ik kan haar niet meer bereiken.'

'Ik kom eraan,' zei ik, 'ik spring nu in de auto, dan ben ik over anderhalf uur bij jullie.'

Toen ik om 21.30 uur mijn auto parkeerde voor hun huis in Amstelveen, stond Jasper me al op te wachten met Jesse op zijn arm: 'De ambulance is net weg. Ze houden haar een paar dagen op de crisisdienst totdat ze rustig is. Als jij Jesse in bed legt, ga ik zo even naar haar toe.'

Na een paar dagen kwam mijn schoondochter thuis. Ze had zware medicatie gekregen om de angsten te onderdrukken, waardoor ze in plaats van als een brullende ijsbeer nu als een zombie door de woonkamer liep, niet in staat om te werken of voor haar zoontje te zorgen. Jasper, freelancer in de filmproductie, zegde al zijn klussen voor de weken erna af om 24/7 thuis te zijn; hij durfde Katinka geen seconde alleen te laten. De situatie was niet te doen, dat vond haar psychiater ook, maar de opnamecapaciteit voor psychiatrische patiënten was wegbezuinigd. Er was alleen nog de crisisdienst voor acute noodsituaties.

Katinka belandde in de weken die volgden nog vier keer op de crisisdienst. Soms voor één nacht, soms voor een paar dagen. Later vertelde ze dat ze vaak uren moest wachten op de gang, tussen de gekken en de junks, in een omgeving die rook naar pies, voordat ze een bed toegewezen kreeg in een hok dat meer aan een politiecel dan aan een kamer deed denken. En toch voelde ze zich daar veiliger dan thuis omdat de angsten inmiddels zulke proporties hadden aangenomen dat ze bang was dat ze zichzelf of Jesse iets zou aandoen. Ze moest opgenomen worden in een kliniek vond Jasper, en daarmee was Katinka het eens.

Ze kwamen uit bij de U-center kliniek in Limburg. Op de website stond dat de kliniek duurzame hulp bood aan cliënten met psychische problemen, en dan met name aan cliënten bij wie verschillende ggz-oplossingen onvoldoende hadden geholpen. Zeven weken opname, eigen bijdrage vijfduizend euro. Jasper en Katinka togen naar Amersfoort voor een intakegesprek terwijl ik die dag op Jesse paste. Ze kwamen redelijk goedgeluimd thuis; Katinka kon zich de maandag erop met haar koffer in Limburg melden. Jasper zou de komende zeven weken in de weekenden met Jesse naar Limburg rijden om haar op te zoeken.

Op vrijdagmiddag kwam er een telefoontje van het U-center. Ze durfden opname niet aan. De cliënt had angsten dat ze zichzelf iets zou aandoen en daarmee was ze suïcidaal. Ze namen geen suïcidale cliënten aan, dat risico konden ze niet nemen. Zodra mevrouw 'stabiel' was, was ze van harte welkom.

Jasper wendde zich tot een psychiater van de ggz die beloofde haar best te doen voor opname op een PAAZ-afdeling, de Psychiatrische Afdeling van een Algemeen Ziekenhuis. Een paar dagen later werden ze gebeld dat Katinka terechtkon op de PAAZ-afdeling van het ziekenhuis in Beverwijk. De psychiater moest alleen nog haar dossier doorsturen, maar ze kon zich over twee dagen om negen uur melden bij de balie psychiatrie in het ziekenhuis. De dag erna, de koffer stond alweer ingepakt op de gang, werd Katinka aan het eind van de middag gebeld door een medewerker van de PAAZ-afdeling. Helaas konden ze haar niet opnemen, de urgentie ontbrak. Het was een psychiatrische afdeling bij een ziekenhuis en de patiënten die bij hen kwamen hadden vaak een zelfmoordpoging gedaan of waren op een andere manier lichamelijk gewond geraakt. Aangezien mijn schoondochter fysiek niets mankeerde, hoorde ze daar niet thuis.

Katinka belde mij huilend op: 'Voor de ene kliniek ben ik een te zwaar geval, voor de andere te licht. Ik kan helemaal nergens terecht, niemand wil mij helpen!'

De week die erop volgde, ging het zo slecht met haar dat ze weer 's nachts op de crisisdienst belandde. Inmiddels raakte Jasper uitgeput en was de situatie met een peuter die thuis rondliep zo onhoudbaar geworden dat de psychiater nu alles op alles zette om haar toch opgenomen te krijgen. Eind november installeerde Katinka zich in een klinisch ziekenhuiskamertje op de

PAAZ-afdeling in Beverwijk. De psychiater constateerde de volgende dag dat ze een psychose had. Ze bleef er vijf weken.

'Of ik last van stress heb gehad?' herhaal ik de vraag van de dermatoloog. 'Jazeker, ik ben op van de zenuwen geweest toen mijn schoondochter dringend opgenomen moest worden en ik erachter kwam dat de geestelijke gezondheidszorg in Nederland compleet is uitgekleed en wegbezuinigd. Ik voelde me in het najaar zo machteloos dat ik er niet meer van sliep.'

'Dat zou je haaruitval kunnen verklaren,' stelt dokter Krijnen vast. 'Hoe gaat het nu met je schoondochter?'

Ik vertel dat ze inmiddels verhuisd zijn naar een klein dorp, twintig kilometer buiten de stad. De psychiater had gezegd dat het goed voor Katinka zou zijn om in een 'prikkelarme omgeving' te wonen. Ze zaten nu midden in de verbouwing, wat niet ideaal was, maar hopelijk lag er een mooie zomer voor ze in het verschiet en kon Katinka gaan genieten van de rust van het dorp en platteland.

'Dat klinkt goed,' sluit Reina Krijnen het consult af, 'en als het goed is, gaat jouw haar vanzelf weer groeien nu de rust is weergekeerd. Ik schrijf je een haargroeimiddeltje voor, als je wilt, om het proces te bespoedigen.'

Friesland

Ik staar uit het raam van mijn werkkamer en zie zeven zwarte Friese paarden. Het is alsof ze in slow motion door het weiland lopen. We hebben Amsterdam voor onbepaalde tijd verlaten. Ik had een paar keer door onze buurt, de Wallen, gewandeld. Eerst was het grappig om niet over de hoofden van de mensen te hoeven lopen, maar na een paar dagen werd het troosteloos. We waren gewend om, als we de voordeur op de Kloveniersburgwal uit liepen, onmiddellijk in een optocht van toeristen terecht te komen. Er werd ontzettend veel gemopperd op de massale toestroom van toeristen, maar wij vonden het een feest om midden in de oude stad te wonen.

Twee jaar geleden verkochten we ons huis in de Derde Helmersstraat. We hadden er op de dag af dertig jaar gewoond en vier kinderen grootgebracht. Het huis was te groot voor ons tweeën, onze levensfase vroeg om een wending. De kinderen waren sentimenteel geweest over het opdoeken van 'hun ouderlijk huis'. Jongste dochter liet als statement het huisnummer aan de binnenkant van haar pols tatoeëren. We vertelden ze dat we een huis in Friesland zouden kopen, met vijf slaapkamers zodat we er altijd samen konden zijn. Oudste dochter zei dat we ons de moeite konden besparen, ze hadden niets met Friesland, ze zouden er zelden heen gaan.

Nadat we het huis in de Helmersstraat hadden verkocht, kochten we een schattig wit huis met rieten dak aan de Langweerder

Wielen en huurden een appartement op de Kloveniersburgwal 77, in een pand uit 1650 dat gebouwd was in opdracht van Nicolaes van Bambeeck, een goede vriend van Rembrandt. We verdeelden ons leven over Amsterdam en Friesland, *the best of both worlds* noemden we het. Door de week genoten we van het uitzicht op de rondvaartboten en rosésloepjes die voor ons huis door de gracht voeren, in het weekend keken we naar de skûtsjes die achter ons huis op het meer zeilden.

Nu voeren er geen bootjes door de gracht, er liepen geen mensen op de Wallen, het was stil, bijna oorverdovend stil voor het bruisendste gedeelte van de stad. Wat moet je in een stad als je niet naar de horeca of het theater kunt? Dan blijven er weinig geneugten over.

Terwijl ik achter mijn bureau zit en naar de paarden kijk, probeer ik te bedenken wat ik de komende tijd moet doen. Ik heb net met mijn uitgever gebeld, de verkoop van mijn boek is stilgevallen sinds de AKO's en Bruna's op de treinstations en op Schiphol zijn gesloten. Ze probeert me gerust te stellen door te zeggen dat de dood een tijdloos onderwerp is en dat het boek de lockdown zal overleven. We weten allebei dat bij een boeklancering de eerste klap een daalder waard is, en dat de enorme spurt waarin we zaten ruw is onderbroken. Dat haal je niet meer in. Maar de boekverkoop baart me minder zorgen dan de lege agenda. Laura en Lukas komen vanavond naar Friesland, ze weten nog niet hoelang ze zullen blijven. Hun beider restaurants zijn dicht, ook zij kampen met een lege agenda.

Als we 's avonds op de bank zitten in afwachting van de persconferentie, en ik naar Laura kijk die onderuitgezakt zit met haar dikke buik, zeg ik: 'Eigenlijk is het toch boffen dat je nu al zwangerschapsverlof hebt.'

Mijn opmerking valt niet in goede aarde: 'Ik wil helemaal geen vrij hebben. Ik vond vier weken al lang, nu heb ik opeens acht weken, als de baby op tijd komt tenminste. Als ze twee weken later komt, moet ik tien weken niks doen. En wat denk je trouwens dat het betekent voor de omzet?' Ik schaam me een beetje voor mijn goedbedoelde, maar ondoordachte opmerking en vraag of ze zich zorgen maakt.

'Natuurlijk maak ik me zorgen,' zegt Laura, 'iedereen met een eigen zaak maakt zich zorgen.'

Rutte maakt zich ook zorgen, kunnen we aan zijn gezicht zien. Hij houdt een stichtelijk praatje waarbij hij zich vooral tot jongeren richt. Jongeren hebben weinig last van corona maar ze moeten beseffen dat we hier met zeventien miljoen Nederlanders wonen en dat corona een dodelijk virus is voor kwetsbare ouderen. Het doel is hen te beschermen en de opnamecapaciteit in de ziekenhuizen op peil te houden. Hij verheft zijn stem als hij het over overvolle stranden en schijt-aan-coronafeestjes heeft.

Ik wil naar Rutte kijken maar mijn aandacht wordt steeds afgeleid door gebarentolk Irma, die tussen hem en minister Grapperhaus in staat. Ze was trending topic toen ze twee weken geleden het woord hamsteren uitbeeldde op het moment dat Rutte het volk opriep dat vooral niet te gaan doen. Rutte geeft het woord aan Grapperhaus voor een toelichting. De maatregelen van 15 maart worden aangescherpt en er komt een heel pakket bij. Alle bijeenkomsten en evenementen zijn tot maandag 1 juni verboden. Mensen met contactberoepen mogen niet werken en er wordt een onderscheid gemaakt tussen essentiële en niet-essentiële beroepen. Het is verboden om je in een groep van drie of meer personen te begeven, er staat een boete op van €390 per persoon.

Thomas zet de televisie uit, het is duidelijk. Lukas merkt op dat we in overtreding zijn, we zijn met z'n vieren. Op mijn reactie dat we een gezin zijn, zegt hij dat dat niet telt omdat zij ergens anders wonen. Ik opper om de hele lockdown met z'n vieren in Friesland te blijven, dan telt het wel.

Leegte

Ik staar naar de pluk haar in mijn hand. Terwijl ik mijn haar aan het wassen ben en mijn hoofdhuid met shampoo inmasseer, blijven er steeds haren aan mijn handen kleven. En mijn borstel moet ik om de drie dagen van een enorme kluwen haar ontdoen.

Als ik even later in mijn badjas voor de spiegel sta, probeer ik het kale plekje te zien. Met nat haar lukt dat beter dan met droog haar. Het haargroeimiddel dat de dermatoloog me heeft gegeven helpt niks, de kale plek is beduidend groter geworden. Als ik de spiegel aan de andere kant van mijn hoofd houd, schrik ik: nog een plekje. Zo groot als een euro, maar zo begon de plek aan de andere kant ook. En die is nu al zo groot als de doorsnede van een wijnglas.

Ik kijk in de spiegel en zie een bang gezicht. Ik probeer de angst weg te redeneren: het is misschien ook de tijd van het jaar. En als het een reactie op stress is, zal het vast snel overgaan want ik heb toch geen stress? Ik zit juist lekker in Friesland met een lege agenda, hoe ontspannen kan een bestaan zijn? Ik föhn mijn haar droog en borstel het lange haar over de kale plekken. Niks meer van te zien.

Als ik me achter mijn bureau heb geïnstalleerd om de werkdag die geen werkdag is te beginnen, licht het scherm van mijn telefoon op met een binnenkomend Facetime-gesprek.

Paulien. Vrolijk zit ze in haar bed met haar armen te molenwieken. De bestraling heeft gewerkt en het gevoel is terug in haar linkerarm en -hand. Ze oogt vrolijk. Boven haar hoofd bungelt de papegaai nog steeds. Ik vraag of ze die nu nog nodig heeft. 'Jawel, want ik heb last van buikpijn en dan is het toch fijn als ik me eraan kan optrekken.' Waar komt die buikpijn opeens vandaan, wil ik weten. Ze legt uit dat de pijn komt van haar slokdarm, een gevolg van de bestraling. Het veroorzaakt pijnscheuten die elkaar soms heel snel opvolgen, het zijn net weeën, lacht ze. Het lijkt me niet om te lachen maar ik zie dat Paulien vooral opgelucht is dat de popcornmachine in haar hoofd tot stilstand is gekomen en ik ben blij dat ze haar arm weer kan bewegen.

'Barbie luister,' zegt ze met een ernstig gezicht, 'jij staat voor donderdag op het rooster, maar dat kan helaas niet doorgaan. Ik moet nu absoluut geen corona krijgen, want dat overleef ik niet.' De avond ervoor had ze met haar dochters overlegd en besloten dat alleen zij de komende tijd voor haar zullen zorgen.

Ik voel me opeens een beetje buitengesloten en zeg dat ik veilig in quarantaine in Friesland zit en dat ik toch kan komen en op anderhalve meter afstand zal blijven. Terwijl ik mezelf hoor praten, schaam ik me voor mijn argumenten. Natuurlijk moeten we geen enkel risico nemen, ze heeft groot gelijk. Ze stelt voor om zolang de situatie duurt, een paar keer per week te facetimen.

Als Paulien en ik elkaar hebben weggedrukt, bel ik Aimée Kiene, de chef van *Volkskrant Magazine*. Ik heb vannacht tijdens het wakker liggen een rubriek bedacht voor de bijlage. Twee maanden geleden had ik naar aanleiding van mijn boek een essay over de kunst van het sterven geschreven voor het magazine. Aimée had me laten weten dat het erg goed gelezen was. We konden daaruit de conclusie trekken dat haar lezers geïnteresseerd zijn in het onderwerp. Ik stel voor dat ik elke week een nabestaande zal interviewen over de dood van een dierbare. Van het moment dat de klachten beginnen tot en met de laatste adem. Aimée heeft er oren naar en stelt voor een paar afleveringen te maken, zodat ze kan lezen hoe ik het voor ogen heb. Opgelucht hang ik op; ik heb weer wat te doen.

Vrolijk loop ik de tuin in waar Laura en Lukas allebei languit in de tuinstoelen liggen. Het is mooi weer voor de tijd van het jaar, warm zelfs. Laura draagt een flinterdun zomerjurkje, wit met rode, gele en blauwe bloemetjes. Lukas ligt in zijn blote bast. Thomas is bezig met het schoonmaken van de Green Egg want vanavond gaan we scheermessen en gamba's op de barbecue gooien, hebben de kinderen bedacht. Friesland voelt als de veiligste plek op aarde.

Permanent

Mijn vader huurde een busje om mijn spullen op te halen. Ik had acht maanden bij een klasgenoot in huis gewoond wegens een uit de hand gelopen ruzie met mijn ouders. Met kerst hadden we een goed gesprek gevoerd en op 1 januari verhuisde ik terug naar het ouderlijk nest. Vijftien was ik. Terwijl de moeder van mijn klasgenoot een sigaret in het portiek rookte, liepen mijn vader en ik langs haar met dozen die we van tweehoog naar beneden hadden getild en vervolgens naar het busje brachten. Acht dozen, achteraf gezien hadden ze misschien ook wel in de auto gepast.

Mijn vader had me voor mijn terugkeer een pakketje geboden en verboden opgelegd, mijn moeders wensenpakket beperkte zich tot kleding en haardracht. Op haar verzoek reed mijn vader op een zaterdag met mij naar Hoog Catharijne in Utrecht om mij helemaal in het nieuw te steken. We gingen naar allerhande hippe kledingwinkels en boetieks, mijn vader bleef maar met zijn creditcard zwaaien. We kwamen thuis met zes grote tassen vol kleding; in de twee weken daarna kon ik elke dag een nieuwe outfit aantrekken.

Mijn hele hippiegarderobe verdween in de vuilnisbak, inclusief de houten boerenklompen waarop ik graag liep. Nu alleen mijn haar nog. Dat het in zijn oorspronkelijke kleur terug geverfd moest worden was evident. Maar wat deden we met de lengte? Ik wilde absoluut geen kort haar, dat was het enige waaraan ik zeer beslist vasthield. Mijn ouders vonden mijn lange sluike haar onverzorgd, dus er moest een compromis gevonden worden.

Mijn moeder opperde een permanent. Omdat ze erbij zei dat er dan niks van mijn haar af hoefde, ging ik akkoord. Dat laatste bleek niet helemaal waar want het eerste wat de kapper deed, was mijn haar in laagjes knippen, dat was nodig voor de permanent. Maar ik hoefde niet zo krampachtig in de stoel te zitten, het werd echt niet kort. Drie uur later stond ik op straat met een bos krullend haar. Het was niet kort, maar het was ook niet lang meer. Door de krullen had mijn haar flink aan lengte ingeboet. Daarvoor in de plaats had ik veel volume gekregen, wat me niet slecht beviel. Mijn moeder jubelde van enthousiasme.

Op school moesten mijn vrienden erg aan me wennen. Ik was getransformeerd van een hippie met lang rood haar in een modieuze verschijning met blonde krullende lokken. Wat mij het meest opviel was de aandacht die ik van jongens kreeg. Opeens liepen ze bij bosjes achter me aan. Ik vroeg me af of het door mijn kleding kwam of door mijn haardracht dat ik nu bij de meest begeerde meisjes hoorde. Toen ik verkering kreeg met de knapste jongen van de school, hij donker, ik blond, werden we het koningskoppel van Drachten genoemd. Voor het eerst van mijn leven voelde ik me mooi.

Jesse

De beelden op televisie worden steeds gruwelijker. In elke journaaluitzending zien we coronapatiënten die met zuurstofmaskers op naar de ic worden afgevoerd. Het zijn niet meer alleen maar kwetsbare oudjes, maar ook jonge mensen. Het ziekenhuispersoneel ziet eruit als marsmannetjes, van top tot teen in witte pakken. Coronapatiënten mogen vanwege besmettingsgevaar absoluut geen bezoek ontvangen.

RIVM-directeur Jaap van Dissel en Diederik Gommers, voorzitter van de Nederlandse Vereniging voor Intensive Care, zijn de nieuwe Bekende Nederlanders. Gommers zit in alle talkshows en herhaalt elke dag dezelfde boodschap: 'De plekken op de intensive cares zijn vol, de nood-intensive cares raken vol, en er moet uitgeweken worden naar Duitsland.'

Tijdens de persconferentie op 23 maart worden de maatregelen aangescherpt en verlengd. Er komen nieuwe maatregelen bij; alle bijeenkomsten worden verboden tot 1 juni, met uitzondering van uitvaarten en huwelijken, mits minder dan dertig personen aanwezig zijn. Mensen moeten thuisblijven, mogen alleen voor een frisse neus of een boodschap de deur uit. In hun eentje. Er mogen maximaal drie mensen op bezoek komen. Kinderen wordt geadviseerd niet naar hun ouders te gaan, kleinkinderen mogen niet bij opa en oma op bezoek.

Deze maatregel heeft geleid tot een ruzie met Thomas, die nu al enige dagen duurt. Jasper belde een paar dagen geleden met de mededeling dat het weer heel slecht gaat met Katinka. Nog geen maand geleden zijn ze naar Berkhout verhuisd en vanaf de eerste dag voelt zij zich er niet thuis. Aanvankelijk reed ze voor haar werk als schoonheidsspecialist en masseur drie dagen per week naar Spa Zuiver in Amsterdam, maar nu de contactberoepen verboden zijn, zit ze vast tussen vier muren. Jesse, die in januari drie is geworden, kan niet naar de crèche, en Jaspers werk in de filmproductie is helemaal stilgevallen. Jasper wil hun huis verbouwen, zowel de vloer als het plafond van de woonkamer liggen eruit, maar hij kan niet aan de slag want Katinka kan niet voor Jesse zorgen. Ze ligt de hele ochtend in bed, en 's middags zit ze op de bank te huilen.

Ik vraag door de telefoon wat haar psychiater ervan vindt.

'Ze heeft nu geen psychiater,' zegt Jasper, 'want haar psychiater in Amstelveen heeft haar overgedragen naar de ggz in Hoorn, maar daar ligt alles vanwege corona op z'n gat.' Jasper is druk bezig geestelijke zorg voor zijn vriendin te regelen, maar ook dat is moeilijk omdat de peuter de hele dag zijn aandacht vraagt. Ik bied aan om Jesse een paar dagen in Friesland op te vangen.

Als ik nietsvermoedend tegen Thomas zeg dat Jesse een paar dagen komt logeren, reageert hij als door een wesp gestoken: 'Wil je me dood hebben of zo?' Ik zeg dat hij niet zo moet overdrijven, Jesse zit al weken met zijn ouders thuis die nergens komen.

'O nee?' werpt Thomas tegen. 'Jasper gaat anders dagelijks naar de bouwmarkt en naar de supermarkt.' Ik zeg dat Jasper heus oppast met anderhalve meter, maar Thomas blijft onverbiddelijk: 'Het RIVM adviseert toch niet voor niks dat kinderen niet bij hun grootouders op bezoek moeten gaan?'

Nu word ik nijdig: 'Daarmee worden plezierbezoekjes bedoeld! Het gaat hier om een noodsituatie. Ons kleinkind zit tussen een depressieve moeder en een vader die hun huis bewoonbaar moet maken. Het mannetje moet even uit de situatie gehaald worden.'

Nu wordt Thomas ook boos: 'Ik ben 72 en zit midden in de risicogroep. Straks lig ik eenzaam dood te gaan op een ic in Duitsland. Ik vind het prima, maar dat is dan jouw schuld.'

Ik zeg dat hij niet zo moet overdrijven, hij is kerngezond. Die avond praten we niet tegen elkaar.

De volgende dag zegt Thomas enigszins triomfantelijk dat hij met zijn internist in het OLVG heeft gebeld. Hij is wel degelijk een kwetsbare oudere want hij heeft diabetes twee. Ik trek een wenkbrauw op en vraag hem waarom ik daar nog nooit iets van gemerkt heb. 'Omdat ik daar medicijnen voor slik,' antwoordt Thomas. Sinds hij vijftien jaar geleden een licht hartinfarct heeft gehad, wordt zijn bloed elk half jaar gecontroleerd. Al naargelang de waardes, slikt hij medicijnen. Kennelijk zit daar dus ook diabetes twee bij.

'Nou fijn,' zeg ik, 'gefeliciteerd dat je een kwetsbare oudere bent. Maar ik heb het over een kwetsbaar mannetje van drie jaar dat in quarantaine leeft met zijn ouders en dat helemaal geen risico vormt voor zijn opa.'

Als Thomas weer begint over het advies van de overheid, besluit ik de discussie af te kappen. Laura en Lukas, die nog steeds bij ons zijn, bemoeien zich er niet mee. Ze kunnen zich vinden in ons beider standpunten en houden wijselijk hun mond. Als ik de dochters in Amsterdam via de app op de hoogte breng van mijn dilemma, kiezen ze onmiddellijk partij voor hun vader. 'Ja mam, het is toch logisch dat papa bang is?' Ze voegen eraan toe dat zijzelf voorlopig ook niet op bezoek komen. 'Ik wil de dood van papa echt niet op mijn geweten hebben,' appt Milou. Ik had me nog niet gerealiseerd dat zij ook niet meer naar ons toe komen. We hadden Ruby en Milou al een paar weken niet gezien, maar dat komt wel vaker voor. Zij volgen de regels kennelijk strikt op en dat kan weleens betekenen dat we elkaar maanden niet zullen zien.

Ik app Jasper dat Jesse toch niet bij ons kan komen vanwege de coronamaatregelen. Hij antwoordt dat hij het heel goed begrijpt, het zat hem ook niet helemaal lekker. Ik voel me een slechte oma. En een slechte echtgenote.

'Ik sta tegenwoordig elke dag het doucheputje schoon te maken,' hoor ik Thomas vanuit de badkamer roepen. 'Niet normaal hoeveel haar er van jou in zit!' Ik ben blij dat het gesprek zich van corona naar het doucheputje heeft verlegd. Maar schrik van zijn constatering.

Staart

'Mam, wat heb je daar voor plek?' Laura wijst met haar vinger naar de zijkant van haar eigen hoofd. 'Hoezo?' vraag ik geschrokken. 'Als je haar opzij valt, lijkt het wel kaal daar.'

Voor dit moment heb ik gevreesd. Tot nu toe had ik gehoopt dat ik alleen zelf de plek zou zien, of de kapper. Maar als het mijn dochter opvalt, kan het iedereen opvallen. Ik vertel dat ik bij de dokter ben geweest, en bij de dermatoloog. Dat het niks ernstigs is, hooguit een reactie op stress, en dat er vanzelf weer haar zal groeien op die plek. Laura is inmiddels opgestaan en naar mijn stoel gelopen. 'Hier aan de achterkant zit ook een kaal plekje,' ze prikt met haar vinger in mijn achterhoofd. Een derde plek, ik voel mijn hart bonzen.

'Ik moet even naar de wc,' lieg ik. In de badkamer probeer ik met een spiegel hoog boven mijn hoofd de plek op mijn achterhoofd te zien. Verdomd, ja, daar zit er nog eentje. Mijn lange haar valt links en rechts opzij van de kale plek. Ik borstel mijn haar en doe een lage staart in. Zo blijven de strengen over de kale plekken hangen. Geen los haar meer dragen, dat is de oplossing. Zo erg is dat niet, ik ken wel meer vrouwen die hun haar altijd in een staart dragen.

Als ik terugkom in de huiskamer, kijkt Laura me bezorgd aan: 'Toch vervelend voor je, mama.'

'Ja, het is vervelend, maar daarmee is ook alles gezegd. Ik heb geen dodelijke ziekte onder de leden, zoals Paulien, dus ik mag niet klagen.'

Laura vindt het appels en peren en zegt dat ik best mag klagen. Ik probeer het gesprek snel op iets anders te brengen: 'Voel je de baby op dit moment bewegen in je buik?'

De volgende dag belt Milou. Ik vraag of ze misschien wil langskomen in Friesland omdat het zulk mooi weer is. Ze zegt dat ze ons, zolang het virus rondwaart, niet zal bezoeken. Als we in Amsterdam zijn, wil ze wel op de gracht gaan staan om naar ons te zwaaien, maar binnenkomen zal ze absoluut niet. Ik antwoord dat we geen hoogbejaarde oudjes in een verpleeghuis zijn, en dat ze zich de moeite kan besparen om te komen 'zwaaien'. Bovendien zijn we helemaal niet van plan om naar Amsterdam te gaan, het is juist heerlijk in Friesland. 'Het is prachtig weer, de lente is hier zo mooi, er zijn wel tientallen verschillende schakeringen groen in onze tuin.'

Milou onderbreekt me: 'Waarvoor ik eigenlijk bel, is dat ik van Laura hoorde dat je allemaal kale plekken op je hoofd hebt.'

Ik erger me aan het feit dat Laura het meteen heeft doorverteld, maar zeg dat niet: 'Ja lieverd, een paar kale plekjes, maar niks ernstigs hoor. Ik ben bij de dermatoloog geweest en zij zegt dat het vanzelf weer aangroeit. En als ik een staart in heb, zie je het niet.'

'Toch vervelend,' reageert Milou empathisch, 'misschien kun je ook sjaaltjes gaan dragen, dat is heel hip tegenwoordig.'

Dat vind ik een goed idee en ik vraag of haar werk lijdt onder corona. Ze vertelt me dat ze genoeg schrijfopdrachten krijgt, ze werkt als journalist voor verschillende bladen, en de enige verandering is dat ze de interviews via Zoom doet. Ze hoeft in ieder geval geen beroep te doen op de TOZ-regeling, de tijdelijke overbruggingsregeling voor zzp'ers die door de overheid in het leven is geroepen.

Als ons telefoongesprek is beëindigd, zie ik een whatsapp verschijnen. Ruby: 'Mam, ik hoor dat je allemaal kale plekken hebt, wat ontzettend naar voor je. Hoe voel je je?' Ik app terug: 'Dag lieverd, het zijn maar drie plekjes hoor, het valt wel mee. Gelukkig kom ik vanwege corona niet onder de mensen, dus niemand die het ziet.' Ik sluit af met een lachende emoticon. Ruby appt meteen terug: 'Je hoeft je niet flink te houden hoor, het lijkt me heel vervelend voor je. Als ik iets voor je kan doen moet je het zeggen.'

Hoewel ik geroerd ben door de reacties van de dochters, vind ik het ook moeilijk. Tot nu toe wisten alleen Thomas, de kapper en de dermatoloog het. Ik merk dat ik bang ben dat het geheim net zo snel uitlekt als de kale plekken zich op mijn hoofd uitbreiden. Ik app de drie dochters in onze gezamenlijke groepsapp: 'Zouden jullie alsjeblieft aan niemand willen vertellen over mijn kale plekken?' Een voor een appen ze terug dat ze dat uiteraard niet zullen doen, dat dat wel het minste is waar ik me zorgen over moet maken.

Petra

Opeens staat Thomas in mijn werkkamer naast mijn bureau. Zijn gezicht is lijkbleek. ‘Petra belde net,’ zegt hij met onvaste stem, ‘ze heeft alvleesklierkanker.’ Petra is zijn zus, ze is anderhalf jaar ouder.

‘O neeeeee!’ is het enige wat ik roep, ‘geen alvleesklierkanker!’

Petra is al weken aan het kwakkelen met haar gezondheid: moe, last van buikpijn en koorts. Half maart is ze bij de internist geweest en hij had gezegd dat ze zich geen zorgen hoefde te maken. Voor de zekerheid zou hij wel een CT-scan en darmonderzoek laten uitvoeren, maar hij had haar gerustgesteld. Petra appte op 20 maart: ‘Ik heb alle klachten weer eens op een rijtje gezet en opgezocht en het zou mij niet verbazen als ik de ziekte van Crohn heb. Crohn is met medicijnen redelijk onder controle te houden. Alles is goed, zolang het maar geen darmkanker is. Afijn, we gaan het zien. Ik doe voorzichtig met corona, we zien niemand. Dikke tuut!’

Op 26 maart kreeg ze de CT-scan, de coloscopie volgde vier dagen later en vandaag, op 1 april, had ze een afspraak met de internist voor de uitslagen. Ik sta op om Thomas vast te houden, we huilen allebei. Ik vraag hoe ze klonk. ‘Flink,’ zegt hij, ‘ze realiseert zich heel goed dat dit de slechtste kaart is die ze had kunnen trekken. Ze is erg geschrokken omdat ze het totaal niet verwacht had, maar ze is ook nuchter en realistisch.’

Ik app Petra: ‘Wat erg, wat erg, wat erg, wat erg, wat erg.’ Ze appt terug: 'Morgen even bellen? Ik heb net alle kinderen gehad. Zo naar: hun verslagenheid en verdriet.'

De volgende ochtend vraag ik Thomas wat hij wil. Naar zijn zus toe. Zij woont in Renesse, vanuit Friesland zo'n drie uur rijden. Maar we zouden het zo doen voor een bezoekje van een half uur.

Als ik het Petra voorstel, appt ze terug: 'Hoi lieve Bar, het was een vreselijke nacht voor ons beiden. Langzaam dringt het tot ons door en ik ben lichtelijk in paniek. Hoeveel tijd heb ik nog: weken, maanden? De huisarts komt straks langs. Morgenochtend krijg ik een leverbiopt en dan hoop ik snel op een gesprek met de oncoloog zodat ik weet waar ik aan toe ben. Vreselijk lief van jullie om te komen maar voorlopig houd ik bezoek af tot ik meer weet over mijn levensverwachting. Heel slechte film. Liefs, ik bel je later.'

Een week daarna zit Petra bij de oncoloog die vertelt dat er sprake is van vergevorderde uitzaaiingen. Er is een behandeling mogelijk om wat tijd te rekken, maar de oncoloog zegt er eerlijk bij dat ze er nog veel zieker van zal worden. Petra hoeft geen seconde na te denken; dat wil ze niet. De tijd die haar nog rest wil ze zich zo goed mogelijk voelen om afscheid te kunnen nemen. Op de vraag hoelang ze nog heeft, kan de oncoloog geen antwoord geven. Misschien twee maanden, misschien vier.

De dag van het gesprek is Petra uit het lood geslagen, de dag die erop volgt schiet ze in de regelstand. Haar man Emiel vindt het snel gaan en probeert haar tot rust te manen, maar Petra zegt pas rust te hebben als ze de dingen geregeld heeft. Ze verdeelt haar sieraden over verschillende doosjes voor schoondochters, kleindochters en nichtjes. Ze print briefjes waarop staat wat voor juwelen het zijn en hoe zij eraan is gekomen.

Terwijl Lukas aan het eind van de dag op het terras de glazen wijn inschenkt, gaat mijn telefoon. Petra. Ze klinkt verrassend opgewekt en slagvaardig, niet als iemand die sinds twee dagen met een doodsvonnis rondloopt. Ik vraag of ik de speaker op luid mag zetten, dat vindt ze prima. 'Ik had natuurlijk heel graag vijfentachtig willen worden, maar laten we eerlijk zijn; ik heb gewoon een heel mooi leven gehad, met alles erop en eraan. Prachtige zoons, mooie kleinkinderen, een lieve man. Ik kan terugkijken op een goed leven,' begint ze uit zichzelf te vertellen, 'alleen mijn timing is lousy met de corona. Ik ben natuurlijk doodziek dus ik kan geen bezoek ontvangen. Maar elk nadeel heeft een voordeel want de huisartspraktijk is gesloten dus de huisarts komt elke dag even naar me toe. Ze heeft me geadviseerd om wel mijn zoons te ontvangen, een voor een. Dat vind ik fijn want zonder kinderen kan ik natuurlijk niet.' Ik realiseer me dat wij haar kinderen niet zijn en dat wij dus niet naar haar toe kunnen gaan. Thomas kan niet naar zijn zus, en ik niet naar mijn schoonzus, die voor mij een combinatie van een moeder en een heel goede vriendin is. Ik vraag haar of ze verdrietig is, of in paniek.

'Het is merkwaardig, want als ik pijn heb, wil ik niets liever dan in bed liggen en slapen. Dat voelt als een natuurlijk proces. En als ik geen pijn heb, is het niet te bevatten, dan denk ik dat dit scenario niet over mij gaat. Ik wéét het wel, maar het dringt niet echt door.'

Het verdriet van de anderen zien, zegt ze, vindt ze het allermoeilijkste. De kleinkinderen die ze aan de telefoon krijgt, moeten allemaal hard huilen. 'Je bent ze alleen maar aan het troosten.' Petra stak altijd heel veel tijd en energie in het grootmoederschap. Haar grote huis vlak bij de zee in Renesse is een vakantieparadijs voor haar zeven kleinkinderen, van wie de oudste drieëntwintig en de jongste drie jaar is.

Aan het eind van ons telefoongesprek vertelt Petra dat de internist had gevraagd of ze naar de ic wil in het geval ze corona krijgt. 'Nee, natuurlijk niet,' had ze gezegd. 'Ik ga het ziekenhuis niet in, ik wil tot het eind thuisblijven.' Maar ze hoopt dat ze het niet krijgt en dat ze nog tijd heeft om de dingen te organiseren.

'Ik wil mijn waardevolste spullen verdelen, Emiel leren koken en de laatste fase behoedzaam invullen. Ik heb al met de huisarts besproken dat ik palliatieve sedatie wil.' Haar jongste zoon is op volwassen leeftijd christelijk geworden en hij heeft veel moeite met euthanasie. Ze heeft hem gezegd dat ze zijn gevoel respecteert en voor palliatieve sedatie zal kiezen, zodat ze een natuurlijke dood sterft. De zoon was blij met de belofte van zijn moeder.

'Kleine moeite, zou ik zeggen,' schatert Petra door de speaker van mijn telefoon. Ik zeg dat ik haar onvoorstelbaar flink vind, waarop ze antwoordt dat ze veel aan mijn boek heeft gehad. Lief dat ze het zegt, maar ik ben niet in staat om een compliment te ontvangen. Het macabere gevoel bekruipt me dat sinds ik een boek heb geschreven over sterven, iedereen om mij heen doodgaat. Alsof ik het over mezelf heb afgeroepen.

Het sexy ding

Na twee jaar als verslaggever bij *Tros Aktua* en *Tros Kieskeurig* te hebben gewerkt, werd ik uitgenodigd om een screentest te doen bij de AVRO. Er waren plannen voor een jongerenprogramma, geïnspireerd op het destijds succesvolle Engelse televisieformat *Rough Guide*. Er werden zes jonge programmamakers gezocht die elke week een reportage maakten die zijzelf presenteerden op locatie. In 1989 een fris en nieuw idee. Samen met onder andere Carlo Boszhard, Jessica Broekhuis en Kees de Groot van Embden mocht ik wekelijks een item in *Pauze TV* produceren en presenteren. De eindredacteur had ons weloverwogen getypecast: Carlo was de jonge hond, Jessica het hockeymeisje, Kees de professor. En ik moest doorgaan voor 'het sexy ding'. De onderwerpen waarover ik items zou maken sloten daar ook goed bij aan; mijn reportages gingen over seks, liefde, relaties en persoonlijke problemen.

Kosten noch moeite werden gespaard om het programma te lanceren. We kregen een styliste toegewezen die voor ons een uitgebreide garderobe selecteerde die we elke maand mochten ruilen voor een nieuwe. Er werd een fotoshoot gepland voor publiciteitsfoto's en handtekeningenkaarten. Daarvoor moesten we naar de kapper. Mijn haar zat inmiddels ruim vijf jaar in de krul, en omdat ik uit Drachten was vertrokken, wist niemand dat die krullen niet van mezelf waren. Voor de foto's moest het even in model geknipt worden bij een hippe kapper. Ik werd naar Kinki's op de Overtoom in Amsterdam gestuurd. Een begrotelijk grapje maar dat hinderde niet; de producent betaalde.

Het interieur van Kinki Kappers leek in niets op het interieur van een kapsalon zoals ik die kende. Een immense, vrij donkere, industriële ruimte, met paarse stoelen, knalroze planken en turquoise kastjes. In plaats van spiegels hingen hier televisies. Die waren in de muur gebouwd want flatscreentelevisies bestonden nog niet. De kapper, zelf getooid met een gifgroene hanenkam, rolde een stoel voor me achteruit zodat ik kon gaan zitten.

Nadat hij me een oranje schort om had gedaan vroeg hij: 'Wat wil je kijken?'

Ik vroeg of hij niet moest vragen hoe ik mijn haar wilde.

'Vragen wij niet,' was het antwoord, 'wij knippen naar eigen inzicht.' Ik begon me ongemakkelijk te voelen.

'Maar als je nu iets doet wat ik niet wil?' Bij gebrek aan een kappersspiegel moest ik me omdraaien en mijn hoofd omhoog richten.

'Als we iets heel anders willen doen, het haar bijvoorbeeld tot stekeltjes knippen, dan overleggen we natuurlijk wel,' zei hij terwijl hij een karretje met scharen en borstels naar zich toe trok, 'maar verder ben je hier omdat je vertrouwt op onze expertise.'

Ik ben hiernaartoe gestuurd vanwege een fotoshoot, dacht ik.

De kapper vroeg wederom wat ik wilde zien. Ik kon kiezen uit *The A-team*, *Magnum*, *Miami Vice*, *Hill Street Blues* of *Cheers*. Het werd *Hill Street Blues*. De kapper knipte met de afstandsbediening richting televisie. Het zwarte scherm begon te knipperen en in beeld verschenen twee Amerikaanse politieauto's die elkaar met zwaaiende sirenes geluidloos achtervolgden. Toen Captain Furillo in beeld kwam, vroeg ik de kapper of het geluid ook aan mocht. Dat kon helaas niet, want alle klanten keken naar iets anders. Ik moest het met de ondertiteling doen.

De hanenkam maakte me zonder woorden duidelijk dat het de bedoeling was dat ik mijn blik op de televisie richtte zodat hij in opperste concentratie zijn werk kon doen. Er werd geknipt, gesproeid, gemodelleerd. En na drie kwartier, de aflevering was net afgelopen, knoopte de kapper het schort los en zei dat hij een spiegel zou pakken.

Terwijl ik naar mijn spiegelbeeld keek, moest ik mijn best doen een spontane huilbui te onderdrukken. Het was kort! Niet stekeltjeskort, maar het was niet lang meer, mijn krullen lagen als een kransje om mijn hoofd.

'Staat je geweldig!' kirde de kapper. 'Echt veel beter!'

Ik slikte en murmelde: 'Ik moet er even aan wennen.'

De volgende dag probeerden mijn collega's in de fotostudio hun verbazing over mijn nieuwe haardracht te verdoezelen door woorden als 'lekker fris' en 'stoer' te bezigen. Terwijl ik alleen maar dacht: er is al een stoer en een fris meisje, ik ben het sexy meisje. Dat kán toch niet, met dit haar?

Bandana

De bel gaat. Daar schrik ik tegenwoordig erg van. Thomas is niet thuis dus ik moet wel opendoen. Ik gris een pet van de kapstok en doe open. Onze vaste pakketbezorger Durk van DHL overhandigt me een doosje. Mijn naam staat op het etiket, maar ik heb niks besteld. Als ik de doos, die bijna niks weegt, even later met een keukenmesje openmaak, blijken er vijf verschillende sjaaltjes in te zitten. Er zit een kaartje bij: 'Lieve mama, hier een paar hippe hoofddoekjes voor je. Je moet ze dragen als een bandana. Ze staan je vast heel leuk! Liefs van je jongste dochter.'

Ik krijg een brok in mijn keel. Ik loop naar de badkamer en probeer de hoofddoekjes stuk voor stuk. Ik moet ze dus niet als een boerinnetje om mijn hoofd knopen, maar dwarser op mijn voorhoofd leggen zodat het een bandana wordt. De mode is me gunstig gezind want op deze manier bedekken ze perfect de kale plekken aan de zij- en achterkant van mijn hoofd, mijn lange haar komt er nog gewoon onder vandaan. Behalve dat ik mezelf geen hoofddoekjestype vind, is het een ideale oplossing.

De volgende dag zit ik in Pijnacker tegenover een vrouw die huilt. Ze heeft zich aangemeld voor mijn rubriek in *Volkskrant Magazine* om te praten over de dood van haar man. Het is al drie jaar geleden maar de hele huiskamer staat in het teken van de overleden echtgenoot. Op de schouw branden kaarsen te midden van tientallen fotolijstjes. Op een bijzettafeltje liggen zijn hoed, zijn leesbril en zijn pijp. Aan de wand een levensgrote foto van hen samen, zongebruind en lachend, op de achtergrond een blauwe zee. Terwijl zij nauwgezet de laatste uren voor zijn dood beschrijft, zijn mijn gedachten voornamelijk bij mijn hoofddoekje, dat langzaam naar achteren zakt. Ik voel zo onopvallend mogelijk of mijn kale plek is blootgelegd en probeer het sjaaltje weer goed te trekken. De vrouw dept met een tissue haar ogen, ik denk niet dat ze het gezien heeft. Als ik even later de dictafoon op mijn iPhone stop heb gezet, vraag ik of ik gebruik kan maken van de wc. In de spiegel check ik snel mijn hoofddoekje. Dat zit scheef, het staat raar. De vrouw van het interview weet het niet want ze ziet me voor het eerst, maar ik ben geen vrouw voor een hoofddoek en ik voel me ongelooflijk ongemakkelijk.

Drie dagen later roept dokter Krijnen in de deuropening van de wachtkamer mijn naam. Ik loop achter haar aan naar de behandelkamer en neem plaats in het witte kuipstoeltje met paarse zitting. 'Staat je leuk!' zegt ze over mijn bandana. Ik antwoord dat ik me er niet prettig mee voel, maar dat het op dit moment de enige manier is om over straat te kunnen want inmiddels heb ik al vijf kale plekken, die steeds groter worden.

Ze vraagt of ik het sjaaltje even af kan doen zodat ze mijn hoofd kan bekijken. Terwijl ze met haar vingers door mijn haar gaat, zegt ze: 'Ach jee, het is toch alopecia. Wat merkwaardig dat dat niet uit het biopt is gekomen. Het is zelfs een heel forse alopecia.' Alsof ze met een grote rubberen hamer keihard op mijn hoofd slaat, zoveel pijn doen haar woorden.

'Word ik helemaal kaal?' vraag ik.

'Dat weten we niet,' antwoordt de dermatoloog, 'het haar kan altijd terugkomen. Maar op dit moment gaat het hard, en lijkt het proces niet te stoppen. Alopecia is een enorm grillige ziekte die slecht te behandelen is. Er zijn een paar dingen die ik kan proberen. Ik wil graag beginnen met prikjes met lotion in je hoofdhuid. Het is niet bewezen dat het werkt, maar dat is met geen enkele alopeciatherapie het geval. We doen het gewoon en dan kijken we binnenkort of het zoden aan de dijk heeft gezet.'

In de auto op weg terug naar Friesland lopen de tranen over mijn wangen. De woorden 'forse alopecia' en 'het proces lijkt niet te stoppen' draaien cirkeltjes in mijn hoofd. Langzaam maar zeker dringt de gedachte die ik tot nu toe ferm op afstand heb weten te houden, in volle omvang tot me door: ik word kaal.

Sushi in het ziekenhuis

Paulien is opgenomen in het Antoni van Leeuwenhoekziekenhuis. Het gat in haar slokdarm werd steeds groter, en de pijn is ondraaglijk. Vanwege corona mag er per dag maar één persoon op bezoek komen. Die ene persoon mag zich dan twee keer tijdens de bezoekuren bij de patiënt vervoegen. Om 14.20 uur en om 19.30 uur. Op de vraag of ik wilde komen, wist ik niet hoe snel ik ja moest zeggen want we hadden elkaar al zes weken alleen maar op het schermpje van onze telefoon gezien. Onderweg heb ik twee boxen met sushi en sashimi gekocht, haar lievelingseten.

Op de gevel staat onder de naam van het ziekenhuis 'Nederlands Kanker Instituut'. Naast de naam van het ziekenhuis een logoachtige tekening van Antoni van Leeuwenhoek, de microbioloog naar wie het ziekenhuis is vernoemd. Als ik door die deur ga, betreed ik de wereld van kanker en dood.

De hal is leeg, uitgestorven. Ik moet eerst naar een paal lopen om mijn handen grondig met desinfecterende zeep te wassen. Wanneer ik de afdeling op loop waar Paulien ligt, hoor ik haar galmende lach al. Ze wordt door twee verpleegkundigen in een bed door de gang gereden. Als ik haar roep, komt het bed tot stilstand en kijken ze alle drie naar mij. 'Waar ga je naartoe?' 'Mevrouw moet even mee voor een scan,' antwoordt de oudste van de twee verpleegsters. 'U kunt rustig in haar kamer zitten wachten, het duurt hooguit een kwartiertje.'

Paulien verontschuldigt zich voor de ongelukkige timing maar ik zeg dat dat geen probleem is. Ik installeer me op haar kamer en lees rustig *Het Parool* op mijn telefoon. Een kwartier later wordt Paulien met bed en al voor het raam gezet. 'Wat heb je een leuk hoofddoekje om,' is het eerste wat ze zegt. 'Staat je goed.'

Ik overweeg even om over mijn haarziekte te beginnen, maar ik verwerp de gedachte onmiddellijk. Je kunt iemand die doodziek is toch moeilijk lastigvallen met kale plekken. 'Hoe gaat het met de pijn?' vraag ik. Voordat Paulien antwoord kan geven, krimpt ze in elkaar. Ze heeft het eerder vergeleken met weeën en zo ziet het er ook daadwerkelijk uit. Ze puft de pijn weg en even later ontspant haar gezicht weer.

'Niet te doen,' antwoordt ze, 'daarom lig ik hier ook. Ze proberen het met medicatie onder controle te krijgen, maar dat lukt tot nu toe niet erg.' Volgens dokter Jan is het gat in haar slokdarm op dit moment een grotere zorg dan de tumoren. Ik schrik daarvan, maar Paulien lijkt het te interpreteren alsof de borstkanker geen levensbedreiging meer is, en dat gat in die slokdarm zal wel genezen, daarover is ze niet bezorgd.

Terwijl ik de twee plastic dozen van de Japanner uit mijn tas haal, roep ik: 'Ta ta ta da, lunch!'

Paulien zegt dat ze heel moeilijk kan eten maar dat ze de sashimi wel wil proberen. Ze neemt voorzichtig een stukje zalm en ik zie dat het slikken pijn doet. Na een hapje tonijn houdt ze het even voor gezien. 'Laat maar gewoon staan, ik probeer straks weer een stukje, we hebben de hele middag en avond nog.'

Ze ziet er goed uit, mijn vriendin, ook in deze omgeving. Ze is opgemaakt en haar haar zit zelfs perfect. Ik vraag haar of ze bezig is met het einde, of ze dingen aan het regelen is. Haar gezichtsuitdrukking is plotseling ernstig. 'Wat denk jij nou? Ik lig hier toch niet om dood te gaan. Als die slokdarm weer dicht is, starten we met immunotherapie en dan is de kans groot dat ik genees.' Het lijkt wel alsof ze van die vijf procent kans op genezing in haar hoofd vijfennegentig procent heeft gemaakt. 'Binnenkort zitten wij weer op een terras oesters te eten en wijn te drinken, wat ik je brom.' Ze zegt het zo stellig dat ik haar niet durf tegen te spreken. Bovendien krijgt ze weer een pijnaanval waarbij ik probeer discreet weg te kijken.

De volgende dag appt ze me: 'Was weer fijn met jou. Zelfs in een ziekenhuis. Volgende keer met oesters en witte wijn!'

Schaamte

Het huis is leeg. Laura is vertrokken omdat de uitgerekende datum nadert, en ze wil niet het risico nemen dat er Friesland in het paspoort van hun Amsterdammertje komt te staan. Ik zit in mijn werkkamer en googel op alopecia areata. De zoekopdracht leidt automatisch naar de website van de vereniging. Ik heb al eerder op die site gekeken om informatie over de ziekte in te winnen, maar nu klik ik op het balkje rechtsboven waarop staat 'word lid'. Ik betaal vijfentwintig euro en daarvoor ontvang ik niet alleen het tijdschrift *Alopecia Magazine*, maar ik kan ook deelnemen aan diverse activiteiten, contact leggen met lotgenoten of lid worden van de geheime Facebook-groep. Daar moet ik eerlijk gezegd niet aan denken.

Drie dagen later ligt er een grote enveloppe op de deurmat, met daarin vier edities van *Alopecia Magazine*. Op drie nummers van de glossy staat een kaal covermodel, op de vierde een vrouw met een pruik. Ik begin gretig te lezen. Veel verhalen over therapieën en behandelmethoden maar van geen enkele is de werking wetenschappelijk bewezen. Ik lees ergens de zin: *Het enige zekere van alopecia is, is dat het onzeker is*. Bemoedigend... Er staat dat twee op de honderd mensen ooit last krijgen van deze ziekte. Twee op de honderd? Hoe kan het dan dat ik niemand ken met deze aandoening? Sterker nog, ik had nog nooit van deze ziekte gehoord.

Al lezend wordt me het antwoord op die vraag duidelijk; het is een ziekte van schaamte. Mensen die het hebben verbergen de aandoening door het dragen van een pruik, of sjaaltjes en petjes. Ze praten er niet over; dat doe ik zelf ook niet. In het tijdschrift staan veel persoonlijke verhalen die zonder uitzondering gaan over schaamte. Het boegbeeld van de Alopecia Vereniging is een knappe jonge vrouw die als missie heeft het taboe op kale vrouwen te doorbreken. Zij vertelt dat ze op straat een sigaretje stond te roken toen een boze oudere dame riep: 'Het is je eigen schuld dat je kanker hebt!'

Ik lees een interview met Max Nods, de voorzitter van de vereniging. Er staat een foto bij. Als je niet zou weten dat hij alopecia heeft, is het gewoon een kale man. Ik realiseer me opeens de genderongelijkheid van deze aandoening. Waarom rust er een taboe op kale vrouwen en niet op kale mannen?

Op mijn telefoon scrol ik langs al mijn WhatsAppcontacten. Ik ken enorm veel kale mannen: mijn broer, mijn neef, goede vrienden, oud-collega's. Zij hebben voor zover ik weet geen alopecia maar waren vroeg kalend, waarna ze de tondeuse ter hand hebben genomen om hun schedel helemaal kaal te scheren. Het staat hun goed, stoer zelfs. Er zijn ook genoeg beroemde acteurs met een kaal hoofd. Dwayne Johnson werd een paar jaar geleden door *People Magazine* uitgeroepen tot meest sexy man op aarde.

Tegenwoordig zijn mannen liever kaal dan dat ze een kransje laten staan, zoals mijn schoonvader. Of zoals mannen vroeger plachten te doen: de *comb over* waarbij ze het haar aan de zijkant lieten groeien om het over hun schedel naar de andere kant te leggen. Ze probeerden hun kaler wordende schedel min of meer op dezelfde manier te verbloemen als ik. Voor mannen is het wellicht ook geen pretje om kaal te worden, maar ze begeven zich in gezelschap van velen. En kunnen open en bloot over straat zonder nagewezen te worden. Mazzelaars.

Kale vader

Tijdens mijn stage bij de TROS, ik was tweeëntwintig, werd ik op een nieuwjaarsreceptie aan Thomas voorgesteld. Een aantrekkelijke man van begin veertig. Goed lichaam, karakteristieke kop, scherpe kaaklijn. Het meest sexy vond ik zijn haar, dat langer was dan dat van de gemiddelde man, maar ook weer niet te lang. Het golfde langs zijn slapen naar achteren en raakte net de boord van zijn overhemd. Bij de slapen werd het donkerbruine haar zilvergrijs. Een kapsel voor artistieke mannen; een acteur of een kunstenaar, schatte ik. Hij bleek in de reclame te werken, en was op de borrel aanwezig omdat hij een vriendin had die bij de omroep werkte. Zij stelde ons aan elkaar voor en was plotseling verdwenen, waardoor wij min of meer aan elkaar overgeleverd waren. Ik voelde me ietwat ongemakkelijk, Thomas wekte die indruk helemaal niet. Hij praatte aan één stuk door, stelde af en toe een vraag en maakte veelvuldig grapjes waarom ik moest lachen. De wijn vloeide rijkelijk, zo rijkelijk dat ik op zijn uitnodiging inging om bij hem thuis nog wat te drinken.

Die nacht bleef ik slapen, en de nachten erna ook. We werden verliefd. Ons leeftijdsverschil van bijna twintig jaar vonden we beiden geen probleem. En het feit dat hij alleen met zijn zoontje van negen woonde omdat de moeder was vertrokken toen het kind drie was, deed me aan *Kramer vs. Kramer* denken, een film die ik superromantisch vond.

Een maand later vlogen we terug van Faro naar Amsterdam.

We waren een week naar Portugal geweest, onze eerste vakantie samen voordat ik bij hem in zou trekken. Het was een heerlijke week geweest, we waren zo verliefd dat we met onze monden tegen elkaar aan in slaap vielen. In het vliegtuig vroeg Thomas of ik zijn vrouw wilde worden. Gek genoeg overrompelde de vraag me niet. Aan alles merkte ik dat Thomas helemaal klaar was met zijn vrijgezellentijd en één-ouderschap en dat hij niet alleen toe was aan een vrouw, maar ook aan rust.

Ik antwoordde dat ik twee voorwaarden had. De eerste was dat hij zijn abonnement op *De Telegraaf* zou opzeggen. Ik kon niet in een huis wonen waar elke dag die krant op de deurmat viel. Hij verontschuldigde zich: zijn vader had altijd bij *De Telegraaf* gewerkt en daarom was die aan hem blijven kleven. Maar het was geen enkel probleem om hem om te ruilen voor *de Volkskrant* of *Het Parool*, wat ik maar wilde.

Mijn andere voorwaarde was dat ik graag een groot gezin wilde, ik had een vurige kinderwens. Ik keek gespannen naar zijn gezicht om te kijken of hij een eerlijk of een sociaal wenselijk antwoord zou geven. 'Maar dat wil ik ook!' riep Thomas. 'Ik wil dolgraag meemaken hoe het is om kinderen te krijgen in de context van een harmonieus gezin.' Ik zag dat ik niet hoefde te twijfelen aan de oprechtheid van zijn antwoord.

Twee jaar later – we waren inmiddels getrouwd en ik was zwanger van onze eerste dochter – hield Thomas in de badkamer zijn scheerspiegel boven zijn hoofd terwijl hij zijn ogen naar boven draaide om erin te kijken. 'Wat doe jij nou?' vroeg ik terwijl ik met mijn dikke buik in de deuropening bleef staan. 'Ik kijk naar de kale plek boven op mijn hoofd.' Vanaf het moment dat ik Thomas had ontmoet was er op zijn hoofd, op de plek waar Joodse mannen een keppeltje dragen, een rondje met dunner haar te zien. Ik zag het alleen als hij op een stoel zat en ik achter hem stond. 'Ik ben bang dat ik kaal word,' zei Thomas met een serieus gezicht, refererend aan zijn vader die bijna helemaal kaal was, met slechts een kransje haar dat van zijn ene oor via zijn achterhoofd naar zijn andere oor liep. Ik zei dat hij die kale plek al jaren had, dat zijn vader al kaal was op zijn achtentwintigste en dat het bij Thomas kennelijk geen vaart liep want hij was al ruim de veertig gepasseerd. 'Ja maar toch,' zei hij wijzend op mijn dikke buik, 'ben ik bang dat dat kindje zich mij later niet meer kan herinneren mét haar.'

Inmiddels is Thomas 72, helemaal zilvergrijs, maar met hetzelfde kapsel en evenveel haar. De dunne plek boven op zijn hoofd zit er nog steeds.

Renesse

We zitten zwijgend naast elkaar in de auto. Hebben net de podcast beluisterd van Gijs Groenteman in quarantaine met journalist Eric Smit. Nog twee uur rijden, ik heb geen zin om een nieuwe podcast op te zetten en we hebben ook geen zin om te praten.

Emiel, mijn zwager, heeft Thomas gisteren gebeld om te vragen of we wilden komen. Petra gaat nu zo hard achteruit dat ze ondanks corona toch besloten hebben familie en goede vrienden uit te nodigen. Voordat het te laat is.

Het is nu precies een maand na de diagnose. De hoop die ze had om nog een paar maanden te leven, is inmiddels vervlogen. Ze zal het geen zomer meer zien worden en ze zal niet meer in haar riante schommelstoel kunnen genieten van de tuin. In plaats daarvan slijt ze haar dagen sinds een week in bed en wordt ze geteisterd door haperende lichaamsfuncties. Twee weken geleden wenste ze ons fijne paasdagen – haar laatste appje. Nu heeft ze haar telefoon overgedragen aan mijn zwager, die binnengekomen berichtjes moet beantwoorden. Ze heeft hem uitgelegd hoe het werkt, hij had nog nooit geappt. Bellen kan ze ook niet meer, want er is iets mis met haar spraak. Wellicht door een uitzaaiing in haar hersenen, maar dat zullen we nooit weten want ze wil absoluut niet meer naar het ziekenhuis.

Als we de oprit op rijden, staat Emiel al voor de deur. Hij ziet er broos en vermoeid uit. Ik vraag me af hoe ik hem moet begroeten maar hij spreidt zijn armen al.

'Is dat wel verstandig?' vraag ik, maar dan ben ik al in zijn omhelzing gevangen.

'Ik moet je even knuffelen,' zegt hij, 'en voor Peet maakt het toch niet meer uit.'

'Nee, maar voor jou wel,' sputter ik tegen. 'Jij bent ook al 77, als jij omvalt is het drama compleet.'

Hij reageert niet, we houden elkaar stevig vast. Als Thomas is uitgestapt, zegt hij: 'Gaan jullie maar naar boven, Peet verwacht jullie.'

Thomas loopt voor mij de trap op. Petra zit rechtop in haar bed en kijkt vrolijk uit diezelfde ronde oogjes die haar broertje heeft. Ze is mager en bleek, ik schrik ervan. Ze had altijd een bruine teint van het buitenleven, stevige armen, mollige bruine vingers. Haar gezicht en armen zijn nu spierwit. Ik herken haar armen en handen niet, het lijkt wel alsof de ledematen van iemand anders aan haar vastgeplakt zitten. Haar gezicht is mager, maar dat herken ik wel.

Het enige waar niets aan veranderd is, is haar volle bos haar. Zilvergrijs, exact dezelfde kleur als het haar van haar broer. Het zit goed, alsof ze het geföhnd heeft, maar dat lijkt onwaarschijnlijk. Het zit gewoon altijd goed. Zij gaat dood met zo'n dikke bos haar, wat zonde, denk ik. Ik schrik van mijn eigen gedachten, ik moet ervoor waken dat andermans haar geen obsessie wordt.

Petra is slecht te verstaan maar maakt duidelijk dat Thomas op de stoel naast haar bed moet plaatsnemen, en ik aan het voeteneind. Op de sprei naast mij liggen allemaal pakjes in vrolijk cadeaupapier. Ik zie dat Thomas zijn best doet zijn tranen te bedwingen. Petra kijkt naar haar broer en zegt: 'Natuurlijk had ik tachtig willen worden. Maar de meeste mensen halen de 73 niet eens, dus dat is toch mooi meegenomen. Bovendien heb ik een heel mooi en rijk leven gehad, met geweldige kinderen en kleinkinderen. En een heel lieve man. Een vol leven was het.'

Op mijn vraag of ze niet verdrietig is, antwoordt ze dat het wel meevalt. Het overheersende gevoel is dankbaarheid en bovendien is ze heel moe en slaapt ze veel. 'Moet je dan niet soms huilen?' vraag ik. Ze zegt dat ze gisteren moest huilen toen haar oudste kleinzoon van drieëntwintig op bezoek kwam. Toen hij in tranen uitbarstte, huilde zij ook. Terwijl ze het vertelt worden haar ogen vochtig. Ze verandert snel van onderwerp en wijst op de pakjes die naast mij op het bed uitgestald liggen. 'Bar, kun je me eerst even het pakje aangeven waarop Thomas staat?' Ik draai drie cadeautjes om waarop ik de namen van mezelf en van twee van mijn dochters zie staan. Op het vierde pakje staat Thomas.

Er blijkt een papieren zak met een touwtje eromheen in te zitten. Als Thomas de zak omkeert vallen er allemaal kleine figuurtjes op het bed. Het formaat van smurfen, alleen zijn het geen mensachtige figuurtjes, eerder ondefinieerbare diertjes. 'Flutters!' roept Petra enthousiast. Thomas laat ze een voor een door zijn handen gaan, hij is zichtbaar geëmotioneerd. Petra vraagt hem terwijl ze naar mij kijkt: 'Leg jij het even aan Bar uit, praten kost me zoveel moeite.'

Het blijkt om een jeugdherinnering te gaan. Een buurman die bij Artis werkte had de zesjarige Thomas beloofd dat hij mee mocht naar de dierentuin, ze zouden er flutters gaan vangen. Thomas bouwde vast een huis van schoenendozen en wc-rollen voor de kleine beestjes. In Artis haalde de buurman een zakje uit zijn tas, liep naar een boom, schudde eraan en gaf even later het zakje aan Thomas. 'Goed dichthouden, niet schudden.' Eenmaal thuis mocht hij het zakje openmaken. De buurman gierde van de lach: het zakje was leeg, Thomas gefopt.

'Ik kan de wereld niet verlaten zonder jou een volle zak flutters na te laten,' zegt Petra. Ze heeft de beestjes op haar laatste krachten gekleid, geverfd en geglazuurd in haar pottenbakatelier in de tuin.

Als Thomas zich terugtrekt uit de omhelzing en weer gaat zitten, wijst Petra naar de andere pakjes: 'Bar, pak jij het pakje waar jouw naam op staat, de rest moeten jullie meenemen voor jullie kinderen.' Ik had het cadeautje waar mijn naam op staat al gezien. Er zit een doosje in van een juwelier uit Den Haag. Als ik het open, fonkelt een groene smaragd me tegemoet. Een prachtige ring die ik ken. Ik kijk naar Petra's magere vingers die alle tien ringloos zijn. 'Mijn verlovingsring,' licht ze toe, 'die mag jij hebben, als je dat tenminste wilt.' Ik vraag wat Emiel ervan vindt, waarop ze antwoordt dat ze dat natuurlijk heeft overlegd. Ik schuif de ring om mijn vinger en zeg dat ik er erg blij mee ben. 'En ik ben blij dat ik het je met de warme hand kan geven,' zegt Petra voldaan.

Na anderhalf uur zegt mijn schoonzus dat ze moe is en weer een dutje moet doen. Voor we afscheid nemen zegt ze dat ze hoopt dat ze de bevalling van Laura nog zal meemaken. Ik vertel haar dat haar nichtje over tien dagen is uitgerekend dus dat dat wel moet lukken. 'Ja, dat lukt wel,' bevestigt Petra. 'Komen jullie volgende week weer?'

Kees

De pakketbezorger overhandigt me een klein doosje, het weegt zo weinig dat het bijna de lucht in vliegt. Er zit een badmuts in die ik gisteren heb besteld.

We zijn weer in Amsterdam want we willen in de buurt zijn als ons kleinkind geboren wordt. Laura is al tien dagen overtijd. Ik wil mijn goede zwemgewoonte weer oppakken: twee keer per week tachtig baantjes in het Zuiderbad. Het zwembad is weer geopend, je moet alleen vooraf reserveren, er is maar een beperkt aantal plaatsen beschikbaar om de anderhalve meter te waarborgen. Een fijne maatregel want soms is het zo druk dat je in een file baantjes zwemt en niets is irritanter dan achter een bejaarde met trage schoolslag aan zwemmen.

Even heb ik overwogen om helemaal niet meer te zwemmen, want met nat haar zie je de kale plekken het best. Ik wil de zwemmers achter mij de aanblik op mijn verminkte haar besparen, los van het feit dat ik als de dood ben dat ik een bekende tegenkom in het zwembad.

Ik heb nog nooit in mijn leven een badmuts gedragen. Mijn moeder vroeger wel. Zij zwom sowieso met haar hoofd boven water, en om er verzekerd van te zijn dat haar haar droog bleef in verband met watergolf of permanent, droeg ze een badmuts. Ze had er een paar zelfs, in verschillende kleuren, met ruches en plastic bloemen erop. In die tijd was de badmuts een modeaccessoire waarmee je je badpak completeerde. Dat is nu niet meer zo, dus ik heb een heel simpele zwarte badmuts besteld, waardoor ik er in combinatie met mijn zwembrilletje uitzie als Maarten van der Weijden.

’s Avonds is er weer een persconferentie; de coronaregels worden versoepeld onder het motto: ‘Alleen wordt weer iets meer samen.’ De horeca mag per 1 juni open, mits van tevoren gereserveerd en voor een maximum van dertig personen. Voor culturele instellingen geldt hetzelfde. Ik vermoed dat ik een van de weinigen in Nederland ben die hier niet om staat te springen. Tot nu toe was de lockdown het perfecte excuus om niet onder de mensen te hoeven komen.

Als ik de volgende ochtend na het zwemmen in het kleedhokje mijn badmuts af doe, valt het me op dat mijn haar wel nat is geworden. Hindert niet, ik had ’m niet op om mijn haar droog te houden, maar ik vraag me nu opeens af waarom andere mensen een badmuts dragen.

Terwijl ik een handdoek om mijn hoofd knoop, pak ik achteloos mijn telefoon uit mijn zwemtas. Mijn hart slaat over als ik zie dat ik een berichtje van Laura heb. Om 8:56 uur stuurde ze: ‘Naar ziekenhuis zo’. Ik kijk op de klok en zie dat het 9:13 uur is. Ik tik: ‘Welk ziekenhuis?’ Ze reageert niet, ze is offline. Ik vloek inwendig. Waarom is ze naar het ziekenhuis, ze zou thuis bevallen. Doemscenario’s schieten door mijn hoofd terwijl ik me snel en klungelig aankleed in het kleine hokje.

Half nat, half droog spring ik op de fiets en sjees naar de Kloveniersburgwal. In de hal roep ik keihard: ‘Laura is naar het ziekenhuis!’ Thomas, die nietsvermoedend lag te slapen, springt zijn bed uit. ‘Wat is er aan de hand?’ Op dat moment zie ik een bericht binnenkomen van Laura: ‘OLVG Oost. Net voordat de verloskundige kwam, braken mijn vliezen en poepte ze in het vruchtwater.’ Poep in vruchtwater? Ik herinner me van achtentwintig jaar geleden dat dat duidt op benauwdheid. Ik schreeuw tegen Thomas dat we naar OLVG Oost moeten, de baby is in gevaar. Binnen twee minuten zitten we in de auto, die na tweehonderd meter vaststaat. Voor ons staat een vrachtwagen uit te laden, achter ons vormt zich een file, we kunnen geen kant op. Terwijl ik het portier opengooi, zeg ik tegen Thomas dat ik op de fiets spring en dat ik hem bel zodra ik in het ziekenhuis ben.

Tien minuten later ren ik hijgend de hal van het ziekenhuis binnen. Het is uitgestorven, net zo uitgestorven als het Antoni van Leeuwenhoek een paar weken geleden. Ik was snel mijn handen bij de desinfecteerpaal en loop op een draf naar de receptie. Ik vraag waar Laura Deelen ligt, waar ik aan toevoeg dat ze zich op een verloskamer moet bevinden.

'Daar kunt u niet naartoe, mevrouw,' zegt de receptioniste.

'Maar ik ben haar moeder!'

'Helaas, alleen de partner mag bij een bevalling zijn, dat zijn de coronaregels.'

'Maar dan wacht ik gewoon rustig op de gang,' probeer ik. Waarop de dame naar de hal wijst en zegt: 'U kunt nergens zitten.' Ik zie dat alle vaste plastic kuipstoeltjes aan weerszijden van de lange hal zijn afgeplakt met rood-witte tape.

'Ik wil u vriendelijk verzoeken het ziekenhuis te verlaten,' zegt de vrouw zonder enige vorm van empathie. 'Uw dochter of haar partner zal u op de hoogte brengen als het kindje er is.'

Ik fiets op een sukkeldrafje naar huis. Thomas zit met koffie aan de tafel voor het raam, hij tuurt over de gracht naar de voorbijvarende bootjes. 'We moeten geduld hebben,' zeg ik, terwijl ik mijn telefoon op tafel leg. 'Hopelijk houdt Lukas ons op de hoogte.'

Om kwart over tien komt het eerste bericht van schoonzoon: 'Vier centimeter ontsluiting, Laura doet het heel erg goed.' Ik spring een gat in de lucht van vreugde. Er is dus niks aan de hand, ze is voor de zekerheid naar het ziekenhuis gegaan, maar ligt gewoon te bevallen.

Ik app mijn andere dochters en de moeder van Lukas met de

vraag of ze de rest van de ontsluiting bij ons willen afwachten. Ze komen meteen. Om drie uur 's middags trekken we van de zenuwen vast een fles wijn open, wachten op een bevalling duurt lang.

Als ik om zeven uur op de wc zit met mijn jumpsuit op mijn enkels, zie ik een foto binnenkomen: Laura met een baby in haar armen. Terwijl ik snel mijn onderbroek omhoog trek, loop ik struikelend over mijn overall naar de huiskamer. 'Ze is er!' Iedereen staat van tafel op en dringt zich om mij heen om de foto te bekijken. Een intens voldaan en gelukkig kopje van de middelste dochter. Er ligt een pasgeboren baby'tje op haar borst met een mutsje op. Ik barst in huilen uit. Jongste dochter maakt foto's van mijn betraande gezicht: 'Huilen van geluk, mam, zo vaak heb ik je dat niet zien doen.'

Thomas schenkt champagne in en we proosten op 'onze baby'. Opeens realiseren we ons dat we nog niet eens weten hoe het kindje heet. Dan gaat de telefoon. Het is schoonzoon die zonder dat ik ernaar vraag, zegt: 'Ze heet Kees.' In koor roepen we: 'Aaahhhh.'

Ik vraag hoe laat ze naar huis gaan en wanneer we mogen komen. Lukas legt uit dat ze in het ziekenhuis geen bezoek mogen ontvangen en pas om een uur of elf naar huis gaan. Dat wordt dus morgen.

De volgende dag blijkt dat het kraamprotocol niet mee is genomen in de coronaversoepelingen. Laura appt dat de kraamverzorgster, die er al sinds acht uur 's ochtends is, heeft gezegd dat het advies luidt om de eerste maand geen kraamvisite te ontvangen. Gedurende de uren dat de kraamverzorgster er is, is het zelfs verboden. De kraamhulp komt acht dagen, iedere dag van acht tot vier. Op mijn vraag of wij dan na vieren kunnen komen, appt Laura: 'Eigenlijk niet. Bij andere jonge ouders komen de grootouders kijken door het raam.' Maar dat kan niet bij hen want ze wonen op eenhoog.

Even later appt Laura: 'Misschien kunnen jij en papa om half vijf komen, als ze weg is. Beetje sneaky maar dan moeten jullie wel echt op anderhalve meter afstand blijven.' 'Geen enkel probleem!' app ik terug.

Aan het eind van de middag staan Thomas en ik ieder op twee meter verwijderd van de bank waarop het jong geluk zit. Laura heeft een paars zomerjurkje aan en het geluk spat uit haar poriën. Kees ligt op Lukas' arm, alsof ze er altijd al gelegen heeft. Een puntgave baby, dolgelukkige ouders. Ik zou er een moord voor doen de baby vast te mogen houden, te kunnen ruiken. Laura ziet het me denken en zegt: 'Het komt wel, mam, over een maand mag je haar vasthouden.'

's Avonds zeg ik tegen Thomas: 'Een maand, een maand! Dat is toch onmenselijk.' Thomas vindt dat ik overdrijf, een maand is zo voorbij. Voor jou wel, denk ik, maar als mijn haar in dit tempo blijft uitvallen, ben ik over een maand misschien kaal. Ik hoor mezelf met een piepstem vragen: 'Denk je dat Kees mij zich ooit met haar zal herinneren?'

Rammelen

De dermatoloog kijkt zorgelijk: 'Ik vrees dat ik nu niets meer voor je kan doen. We hebben de prikken geprobeerd, het haargroeimiddel en de pillen.' Inmiddels heb ik meer kale plekken op mijn hoofd dan plekken waar haar groeit. Het ziet er zo eng uit dat ik moeite heb om in de spiegel te kijken. Ik weet wat de volgende stap is. Een pruik. En ik weet ook dat ik er niet te lang mee moet wachten, want als het me niet meer lukt om het te verdoezelen met sjaaltjes en petjes, ben ik te laat.

Dokter Krijnen vertelt dat ze op zoek is gegaan naar een dermatoloog die gespecialiseerd is in haarziektes. Ze vond hem in een dorpje onder de rook van Nijmegen en heeft uitvoerig met hem getelefoneerd. Hij heeft haar verteld dat hij patiënten met alopecia behandelt met een zware kuur die het auto-immuunsysteem platlegt. Het is tenslotte een auto-immuunziekte en geen haarziekte. Hij beweert dat het haar dikwijls weer gaat groeien tijdens de kuur. Soms blijvend. Maar zonder garanties, want als je na drie maanden met de kuur stopt, kan het auto-immuunsysteem ook weer actief worden en de haarzakjes opnieuw aanvallen. Hij zegt dat deze therapie de moeite waard is om uit te proberen. Ze schrijft de naam van de man en zijn telefoonnummer op een notitiebriefje en wenst me alle sterkte.

Diezelfde dag heb ik hem aan de lijn. Een jofel type met een zachte g. Ja, hij wist van mijn casus want die was hem door collega Krijnen voorgelegd. Hij noemt zijn behandeling: 'Even rammelen aan het auto-immuunsysteem.' Om vervolgens te zeggen: 'Net zoals je soms even moet schoppen tegen een apparaat dat het niet doet. Soms helpt het, soms niet. Maar het is het proberen waard.'

Hoewel de beeldspraak me niet helemaal bevalt, is dit mijn laatste reddingsboei dus ik vraag wanneer ik kan komen. O, had collega Krijnen dat er niet bij verteld? Zolang corona heerst kan hij deze kuur niet geven. Het is een zware behandeling, vergelijkbaar met een Prednisonkuur, en het onderdrukken van het auto-immuunsysteem maakt je gezondheid tijdelijk zeer kwetsbaar. Hij wil niet op zijn geweten hebben dat een patiënt tijdens de kuur corona oploopt want dat is levensgevaarlijk. Bovendien geeft hij de kuur alleen in de winter, want je bloeddruk schiet ervan omhoog en met warm weer is dat niet handig.

'Kortom,' sluit hij het gesprek goedgemutst af, 'we moeten even geduld hebben en op de uitvinding van het vaccin wachten. Met een beetje mazzel valt de vaccinatie samen met de winter. Bel me tegen die tijd gerust op. En trouwens, met nog meer mazzel is je haar tegen die tijd weer gegroeid.'

Ik zeg dat het in twintig procent van de gevallen altijd wegblijft, en ik ben bang dat ik daarbij hoor omdat het zo hard gaat.

'Als ik jou vertel dat je tachtig procent kans hebt om de staatsloterij te winnen, ren je toch naar de winkel om een lot te kopen? Dan zeur je toch ook niet over die twintig procent?' Deze dermatoloog is een man van metaforen, zoveel is duidelijk. Voordat ik kan reageren, zegt hij: 'Je hebt mijn nummer, bel me als je gevaccineerd bent.'

Medium

Het geluid van mijn telefoon geeft aan dat er een beeldgesprek binnenkomt. Dat moet Paulien zijn want zij is de enige met wie ik facetime. Ik doe snel een sjaaltje om mijn hoofd en druk het groene icoontje met het cameraatje in. Een stralend gezicht aan de andere kant van de lijn. 'Ik ben weer thuis!' Ze hangt in bed, de papegaai bungelt boven haar hoofd.

'Is je slokdarm genezen?' vraag ik.

'Nee dat niet, ik heb nog steeds pijn, maar ze kunnen er niks aan doen. Tijd moet deze wond helen.' Ik vraag me af hoeveel tijd ze daarvoor nog heeft want ondertussen kan ze niet met de immunotherapie beginnen, en woekert de kanker door.

Paulien lijkt zelf minder zorgelijk gestemd. Ze vertelt dat ze twee dagen geleden met een vriendin naar Twente is gereden om een medium te bezoeken. Haar ogen beginnen te stralen: 'Het was zo bijzonder Barbie, het was alsof ik een ballon was die hij lekprikte. Ik heb nog nooit zo hard gehuild, de tranen blijven maar stromen.' Het lijkt me een goede zaak, Paulien is het type van niet zeuren en flink zijn. Ze uit haar emoties niet en dat baart me zorgen.

Maar het gesprek neemt een onverwachte wending: 'Weet je wat hij zei? Dat ik helemaal geen kanker heb, maar dat ik ziek ben omdat ik mijn emoties nooit heb geuit. Sinds ik me als tiener heb ontworsteld aan ons strenggelovige milieu, heb ik een harnas aangetrokken dat me altijd heeft beschermd tegen emoties.

Dat is natuurlijk helemaal niet gezond! Als ik het nu laat stromen, wordt mijn lijf misschien weer beter.'

Mijn mond valt open van verbazing. Kennelijk ziet ze dat aan mijn gezichtsuitdrukking want ze vervolgt: 'Ik weet dat je dat soort dingen niet gelooft. Dat respecteer ik en dat is het mooie van onze vriendschap: wij respecteren elkaar altijd.'

Hoewel ze daar gelijk in heeft, is dat toch niet het punt waar het nu om draait. 'Ik denk dat je wel degelijk ziek bent,' zeg ik voorzichtig, 'en dat de ziekte ook ongeneeslijk is.' Ze lijkt niet onder de indruk van mijn opmerking: 'Ik weet heus wel dat ik ziek ben, en ik heb een rotsvast vertrouwen in dokter Jan, maak je geen zorgen. Maar ik denk gewoon: baat het niet, dan schaadt het niet.'

Ze vertelt dat ze een audio-opname heeft meegekregen van het medium. Een soort meditatie die ze elke dag kan afluisteren. Hij zegt daarin woorden van gelijke strekking als bij haar bezoek, met een mooie rustgevende diepe stem. In het Engels, want hij is een Amerikaan. Ze heeft de opname inmiddels al twee keer beluisterd en elke keer moet ze verschrikkelijk huilen. 'Liters tranen, Barbie, liters! Ik heb de afgelopen dagen al meer tranen gelaten dan in mijn hele leven!'

Ik zeg dat ik blij voor haar ben dat ze lekker kan janken want huilen is goed, daarover geen misverstand. Als ik weer een aanloopje wil nemen om haar op het hart te drukken dat ze toch beter kan nadenken over het afscheid dan zich wijs te laten maken dat ze door huilen kan genezen, gooit ze rigoureus het onderwerp om: 'Wat heb je toch weer een leuk sjaaltje op je hoofd. Dat is echt je nieuwe look sinds je zoveel in Friesland bent. Boerinnetje van me.' Ik lach mee als een boer met kiespijn, kan het niet over mijn lippen verkrijgen om te vertellen waarom ik de sjaaltjes draag.

Er zijn twee mensen op de wereld die ik het naast mijn gezin het liefste zou willen vertellen: Petra en Paulien. Uitgerekend zij gaan allebei dood.

De buurtkapper

Om de hoek van ons huis, in de Amsterdamse Bosboom Toussaintstraat, bevond zich kapsalon Wil Maane. Geen hippe naam voor een kapperszaak, maar na mijn ervaring bij Kinky Kappers besloot ik de rest van mijn leven hippe kapperszaken te mijden.

De eerste keer dat ik er binnenkwam, bleek het interieur precies zoals de naam deed vermoeden: kappersstoelen, wasbakken, spiegels, een plant met hydrokorrels ergens in een hoek en lijstjes met amateuraquarellen aan de muur. Ik werd aangesproken door een Indische dame met zwart kroeshaar dat ze strak in een knoet achter op haar hoofd had gebundeld. Op mijn vraag of zij Wil was, vertelde ze dat ze Ineke heette. Wil Maane had alzheimer en werkte niet meer, maar was samen met haar man nog wel eigenaar van de zaak. Ineke vroeg wat ze voor me kon doen. 'Een beetje bijpunten.'

Even later keek ze me via de spiegel aan terwijl ze met haar handen door mijn haar kroelde. 'Waarom heb jij in godsnaam permanent?' vroeg ze verbaasd. Ik vertelde dat ik dat al jaren had en eraan gewend was. Bovendien gaf het veel volume. Ineke vond het onzin. Ten eerste was permanent heel slecht voor mijn haar, en ten tweede had ik dik haar en dus voldoende volume van mezelf.

'Wat leven we toch in een rare wereld,' verzuchtte Ineke. 'Ik zou een moord doen voor steil blond haar, en jij gooit er chemische troep in om er krullen van te maken.'

Ik vroeg voorzichtig wat ze me adviseerde. 'Die permanent moet weg natuurlijk!' antwoordde ze zonder omhaal. 'Gewoon lang, steil blond haar, dat staat je beeldschoon, dat zie ik nu al.' Om mij te overtuigen föhnde ze na het knippen mijn krullen eruit en ja, ze had gelijk, het stond heel goed.

Het duurde nog een jaar voordat de permanent er helemaal uit was en vanaf dat moment droeg ik mijn haar naturel: lang en blond. Ik was vierentwintig en voor het eerst van mijn leven blij met mijn haar. Ik zou nooit meer van coupe veranderen, en ook nooit meer van kapper.

Crisisdienst

'We hebben eindelijk een psychiater gevonden,' vertelt Jasper aan de telefoon. 'Hij heet Jairo Sanchez en is directeur van de regionale ggz. Het enige vervelende is dat we hem niet kunnen ontmoeten, Katinka heeft nu steeds videoconsulten met hem. Hij heeft haar al andere medicijnen voorgeschreven maar die helpen nog niet. Het duurt vaak weken voordat die medicijnen "ingesteld" zijn.'

De situatie is nog steeds onhoudbaar met een kind dat niet naar de crèche kan, een moeder die zo depressief is dat ze haar bed niet uit komt en een vader die probeert het huis te verbouwen. Inmiddels zijn er ook geldzorgen, omdat beide ouders niet kunnen werken. Ik vraag of het niet beter is als Katinka weer opgenomen wordt, en dat beaamt Jasper: 'Maar alle klinieken hebben een opnamestop vanwege corona.'

'Vindt deze Julio Iglesias jullie situatie niet onverantwoord dan?' wil ik weten. Volgens Jasper vindt hij dat, maar niemand kan hier iets aan doen.

'Corona treft ons allemaal,' zegt hij relativerend. Op de achtergrond hoor ik iemand huilen.

'Is dat Katinka?' vraag ik naar de bekende weg.

'Ja, ze zit op de bank te huilen, ze heeft voortdurend last van angsten en paniekaanvallen.' Jasper spreekt het rustig uit, als de ervaren verzorger die nergens meer van opkijkt.

De volgende dag meldt hij dat Katinka met de ambulance is

opgehaald. Ze is ondergebracht bij de crisisdienst van de ggz in Hoorn. 'Wat verschrikkelijk!' roep ik, denkend aan de eerdere opnames op de crisisdienst waar ze tussen mensen zat die op hun kop stonden te urineren in de gangen.

'Ze hoort er ook niet thuis,' verzucht Jasper, 'maar ik ben wel blij dat ze weg is. Hebben Jesse en ik even rust.'

Haarwerk

'Met Ruben Jaspers van de Echt Haar Kliniek!' De stem aan de telefoon klinkt energiek. 'U heeft een paar dagen geleden onze brochure via de website aangevraagd en ik was benieuwd of u hem al heeft gelezen.' Ik zeg dat ik me nog rustig aan het oriënteren ben. 'U heeft alopecia, lees ik in uw aanvraagmail,' gaat hij vrolijk verder. 'Hoe ver gevorderd als ik vragen mag?' De opgewekte toon ergert me en ik vind de vraag behoorlijk indiscreet.

'Bent u van de kliniek in Amsterdam?' vraag ik hem. Een week geleden heb ik een ochtend zitten googelen en meerdere brochures aangevraagd.

'Onder andere,' antwoordt Ruben 'maar ik zit zelf in Nunspeet op de afdeling cliëntservice. Het is van belang om te weten hoeveel eigen haar u nog heeft om te weten of u in aanmerking komt voor haarreconstructie, of het aanmeten van een haarwerk.' Hij zegt het op dezelfde toon waarop een medewerker van een callcenter vraagt bij welke energieleverancier je bent aangesloten. Ik word opeens zo misselijk van het totale gebrek aan empathie dat ik hem zeg dat ik geen interesse heb en dat ik niet meer teruggebeld wens te worden. Geschrokken hangt hij op.

Ik realiseer me dat ik niet ten prooi wil vallen aan commerciële haarverkopers en stuur een mailtje naar de Alopecia Vereniging met de vraag of zij mij een goede pruikenspecialist kunnen adviseren.

Een dag later belt de secretaresse van de vereniging, een

vrouw met een vriendelijke stem. Ze vertelt dat ze niet het woord pruik bezigen, maar 'haarwerk'. Pruiken zijn voor feestwinkels en carnaval, legt ze uit. Mijn hoofd maakt de vergelijking hoer en sekswerker, misschien omdat daar ook het woordje 'werk' in zit. Ondertussen vertelt de secretaresse dat er heel veel haarwerkspecialisten in Nederland zijn, en dat de vereniging daarin geen adviserende rol speelt. 'Maar,' zegt ze, 'Hilde Kloosterman, een haarwerkspecialist die zelf alopecia heeft, zit in het bestuur van de vereniging, en je zou haar kunnen polsen. Ik zal je haar e-mailadres geven.'

Ik stuur Hilde een mail en krijg onmiddellijk een bericht terug via WhatsApp. Ze vraagt me of ik voor- en na-foto's wil sturen. Ik scrol door de duizenden foto's op mijn iPhone. Het doet pijn om mezelf zo zorgeloos met lang blond haar te zien. Vorige zomer wapperden mijn haren nog vrolijk in het rond tijdens een zeiltocht, en moet je me nu eens zien.

Een foto van twee jaar geleden in Tel Aviv, terwijl ik een glas witte wijn in de lucht houd. Ik had sjans van de ober. En niet alleen van die ober. Een week lang werd ik flirterig bejegend door knappe Israëlische jongemannen terwijl ik, een vrouw van middelbare leeftijd, hun moeder had kunnen zijn. Ik nam de complimentjes als vanzelfsprekend aan.

Nu realiseer ik me dat het door mijn lange blonde haar kwam. Mannen kijken niet eerst naar mijn brede voeten of mijn dikke vingers, ze kijken naar het totaalplaatje en wat ze dan zien is een vrouw met lang blond haar. Dat lange blonde haar is een onderdeel van mijn identiteit, het typeert mijn uiterlijk. Die identiteit is nu verminkt. Ik ben een kalende vrouw. Straks misschien met een haarwerk, maar dat is dan nepidentiteit.

Ik maak foto's van alle kale plekken terwijl ik mijn telefoon boven, naast en achter mijn hoofd houd. Als ik ze heb verstuurd, appt Hilde terug: 'Wat ontzettend waardeloos voor je, wat ga je door een moeilijke tijd. Zullen we een afspraak maken, dan laat ik je zien wat de mogelijkheden voor een mooi haarwerk zijn.' Ik schrik niet eens als ze appt dat een haarwerk van echt haar tussen de 3500 en 4500 euro kost. Al moet ik er een extra hypotheek voor nemen, dat is me het behoud van mijn identiteit wel waard.

Laatste adem

Thomas komt mijn werkkamer binnenlopen om te vertellen dat Petra in slaap is gebracht. 'In slaap gebracht' is een milde omschrijving voor palliatieve sedatie, begrijp ik, want anders keek hij er niet zo ernstig bij. Er is iets geknapt in haar lichaam waardoor ze die ochtend helse pijnen heeft gehad. De huisarts kwam om morfine toe te dienen en legde haar uit dat het tijd was voor palliatieve sedatie. Petra wilde nog wachten tot haar drie zoons er waren, en aangezien zij uit Amsterdam moesten komen, zou de huisarts zich halverwege de middag weer melden.

Toen ze alle drie, twee samen in een auto, de derde op zijn motor, waren gearriveerd, had de huisarts Petra een injectie met het slaapmiddel toegediend. Petra had tevreden gekeken naar haar man en zoons die om haar bed stonden, en niks meer gezegd. Uitgeput en klaar om te gaan. Het zou nu nog een paar dagen kunnen duren. Uiteindelijk zou ze een natuurlijke dood sterven, ofwel door de ziekte, ofwel doordat ze niet meer at en dronk.

Om elf uur 's avonds bel ik neef Jelte, de oudste zoon van Petra, om te vragen hoe het gaat. Hij zit net buiten in de tuin een sigaretje te roken. Zijn middelste broer en Emiel zijn alvast naar bed gegaan, zijn jongste broer waakt naast Petra. We spreken over zijn flinke moeder, hoe moedig zij het naderende einde tegemoet is getreden. Hij vertelt over de gezellige momenten die ze de laatste dagen nog met elkaar hebben gehad. Petra's gemoed was vrolijk en dankbaar. Ze zeurde niet, was zelfs niet verdrietig. 'Het is niet anders,' heeft ze regelmatig herhaald.

Ik vertel Jelte hoe mijn schoonzus had meegeleefd en meegelezen met mijn boek. Ze las alle uitgewerkte transcripties van mijn interviews. Altijd kreeg ik een reactie: zo zou ik het ábsoluut niet willen, of: ja, dat is een goed voorbeeld, zo wil ik ook sterven. Ze had er heel goed over nagedacht, en dat heeft haar geholpen om zo snel te schakelen. Slechts zes weken zitten er tussen het moment van de diagnose en vandaag. Jelte zegt dat hij blij is dat ik het boek heb geschreven, waarop ik zeg dat zijn moeder het toch echt helemaal zelf heeft gedaan. Mijn vriendin Paulien heeft het boek ook meegelezen, en zij vaart een heel andere koers.

'Je weet niet hoe je met je naderende einde zult omgaan tot de dood je is aangezegd.' Ik hoor geluid op de achtergrond.

'Ik bel je zo terug, Bar, Auke roept me.'

Zes minuten later gaat mijn telefoon: 'Ma is dood,' zegt Jelte kalm, 'ze blies opeens haar laatste adem uit, heel vredig, bijna onopgemerkt. Wil jij het aan Thomas vertellen? En aan Jasper en de nichtjes?'

Ik condoleer mijn neef en zeg dat het mooi is dat zijn moeder zo rustig is weggegleden. En dat ze zo bewust en zorgvuldig afscheid heeft genomen. Ze heeft haar jongens met volle handen achtergelaten.

Fotoshoot

'Ik ga niet op de foto, echt niet!' Het scheelt niet veel of ik schreeuw het in mijn telefoon. Jongste dochter vindt dat ik me aanstel: 'Niemand ziet het mam, heus niet!'

We zijn gevraagd om samen een vaste rubriek te schrijven voor het maandblad *Opzij*. Een paar maanden geleden hebben we erover gebrainstormd met de hoofdredacteur en we bedachten 'De Kloof', een rubriek over onze generatiekloof. Dochter Milou is lid van de zogenoemde woke generatie en wij hebben regelmatig verhitte discussies over de letters lhbtiq+, het n-woord, en het invoeren van genderneutrale wc's. Het idee is dat we onze discussies verplaatsen van de keukentafel naar papier en daar moet een foto van ons samen bij.

Milou vindt dat ik mijn haar moet opsteken, dan zie je de kale plekken er niet doorheen. 'En anders fotoshopt die fotograaf er wel wat extra haar bij.' Dat zegt ze om mij over te halen want ik weet dat ze zelf geen voorstander is van fotoshoppen.

'Ik wil helemaal niet dat die fotograaf het ziet!' Straks is het nog een bekende, ik heb met zoveel fotografen gewerkt.

'Maar mam, je snapt toch zelf ook wel dat er een foto bij moet? Doe nou niet alsof je dat niet begrijpt terwijl je zelf honderd jaar hoofdredacteur bent geweest.' Ze heeft gelijk, dat weet ik ook wel. En ik weet ook dat *Opzij* niet kan wachten tot ik een haarwerk heb.

Drie weken later steek ik mijn sliertige haar zo goed en zo kwaad als het gaat op en spuit er een hele bus haarlak op leeg.

Het haar is keihard, geen spriet zal zich meer uit zichzelf kunnen verroeren. Aan de linkerkant van mijn hoofd schemert mijn kalende schedel er wel degelijk doorheen, maar Milou verzekert me ervan dat je het echt niet ziet als je het niet weet. Ik heb me voorgenomen om alleen recht vooruit de camera in te kijken en mijn hoofd sowieso niet naar rechts te draaien. Ook niet als de fotograaf het vraagt, ik doe het gewoon niet. Ik zal antwoorden dat dat mijn lelijke kant is.

'Hallo, wie is daar?' roep ik door de intercom.

'Ha Barbara, Paul hier, ik kom jou en je dochter fotograferen voor *Opzij*.' Even later komt de boomlange fotograaf de hal van ons appartement binnenlopen. Terwijl hij een stevige handdruk geeft, zegt hij: 'Leuk je weer eens te zien, je ziet er goed uit.' Jokkebrok, denk ik.

Wanneer ik de keuken in duik om koffie te zetten, hoor ik hem in de huiskamer zijn apparatuur uitpakken en met Milou babbelen. Als ik even later de kamer in loop met een dienblad met koffie en ministroopwafels staat er een zwart scherm met twee stoelen ervoor, daartegenover een statief met camera en een grote paraplulamp.

Paul vraagt of we op de stoelen willen plaatsnemen en ik ga razendsnel op de rechterstoel zitten. Dan vraagt hij of we allebei in de camera willen kijken, eerst serieus, dan lachend. Hij knipt achter elkaar door, ik zit doodstil terwijl ik zoveel mogelijk van mimiek probeer te veranderen. Daarna verzoekt hij ons naar elkaar te kijken. Ik probeer naar Milou te kijken zonder mijn hoofd zover te draaien dat ik en profil in beeld kom. We lachen op commando voluit naar elkaar en Paul zegt dat we het hartstikke goed doen. Als hij na een half uur zijn apparatuur inpakt, haal ik opgelucht adem.

Op de foto's zit mijn haar plat op mijn hoofd, het zit zoals het nooit gezeten zou hebben als ik niet aan alopecia zou lijden. Maar ik moet niet zeuren, je ziet niet dat er onder dat kapsel een oase van kaalheid heerst.

Babyhaar

Een voorstelling had ik niet van de baby in mijn buik. In 1991 werden er nog geen echo's gemaakt. Je kon op medische indicatie een echografie krijgen, of als je vijfendertig jaar of ouder was. Ik was vierentwintig en kerngezond, dus ik moest vertrouwen op Moeder Natuur. Elke keer als ik voor controle naar de verloskundige ging, luisterde ze door een houten toeter die ze op mijn blote buik zette naar de hartslag van mijn baby, en die was altijd goed.

Ik moest ook bij iedere controle op de weegschaal gaan staan, en daarover waren de berichten minder positief. Ik kwam veel te veel aan, in totaal 22 kilo, en het nadeel daarvan was dat het er later heel moeilijk af zou gaan, sprak de verloskundige mij bij herhaling vermanend toe.

Het eerste wat opviel toen Ruby werd geboren was haar heel mooie ronde hoofdje. Het gevolg van een volkomen stuitligging waarbij de voetjes eerst naar buiten kwamen en waardoor het hoofdje nooit klem heeft gezeten in bekken of geboortekanaal. Op dat ronde bolletje zat een klein beetje donkerbruin haar, precies zoals ik gehoopt had. Sommige baby's worden geboren met een enorme bos haar en dat doet me altijd denken aan Deense gelukstrollen, poppetjes waarmee ik in mijn jeugd speelde.

Na drie maanden was het haar van Ruby lichtblond en in combinatie met haar lichte huidskleur was ze het eerste half jaar een nogal kale baby. Op haar eerste verjaardag wurmde ik, met moeite, een klein plukje haar in het kleinste elastiekje dat ik had kunnen vinden waardoor ze een staartje had dat als een minipalmboompje boven op haar hoofd stond.

Tussen haar eerste en tweede verjaardag begon het haar te groeien. Spierwitte sprietjes die loodrecht naar beneden groeiden, steiler kon het niet. Hoewel mijn dochter het mooiste kindje van de wereld was, baarde dat steile dunne haar me een klein beetje zorgen. Dat had ze noch van haar vader, noch van mij. Mijn oom, de broer van mijn moeder, inmiddels helemaal kaal, had vroeger zulk haar. Melkboerenhondenhaar noemde mijn oma dat.

Op een dag stond ik in de hal van de crèche met een moeder te praten toen Ruby kwam aangerend op haar kleine peuterbeentjes, haar haartjes wapperend omhoog van lichtheid. 'Jeetje,' zei de moeder, 'wat heeft jouw dochtertje steil haar, strijk je het soms?'

Toen Ruby twee jaar werd, was haar haar lang genoeg voor twee staartjes. Ik legde veel eer in het maken van staartjes omdat ik dat zelf gemist had in mijn jeugd. Ik kocht eindeloos veel elastiekjes met bolletjes, beestjes en figuurtjes. Ook had ik linten in alle kleuren van de regenboog die ik om kale elastiekjes strikte. Elke ochtend zette ik Ruby achterstevoren op de commode en maakte met een dunne kam een haarscherpe scheiding op het koddige achterhoofdje. Als de strikken om de staartjes zaten, draaide ik haar om en liet haar in de spiegel zien hoe mooi ze was. Door de staartjes viel het haar als vanzelf in twee boogjes naar beneden en daarmee was de steile structuur verbloemd. Mazzel dat ze een meisje is, dacht ik.

Vanaf haar vierde levensjaar begon Ruby's haar zich in rap tempo te vermenigvuldigen. Het werd dikker en dikker. Toen ik met haar naar buurtkapper Ineke ging, concludeerde deze dat Ruby mijn haar had geërfd: veel, stevig en dik. Tot mijn schrik stelde Ineke voor om het uit te dunnen: 'Veel te warm voor een kleuter, zulk dik haar.'

Hoed

Dertig mensen, inclusief de drie medewerkers van begraafplaats De Nieuwe Ooster, mogen aanwezig zijn bij de uitvaart. Onze hele familie telt vijfentwintig personen dus we kunnen de beste vriendin van Petra en haar man ook nog uitnodigen. We mogen drie kwartier gebruikmaken van de aula en aansluitend naar het graf lopen om de kist te laten zakken. Einde dienst. De condoleancekamer is gesloten, dus geen consumpties achteraf. Dat schrijven de coronaregels voor.

Ik bel mijn zwager om aan te bieden dat ik wel een kofferbakborrel wil verzorgen. We kunnen tegenover de begraafplaats de auto's parkeren en op een grasveldje samen iets drinken. 'Mag dat dan wel?' wil hij weten. 'Ik denk het niet, want dit is groepsvorming in de buitenlucht,' antwoord ik, 'maar ik denk niet dat een gezelschap van verdrietige nabestaanden onmiddellijk op de bon wordt geslingerd.'

Ik heb net zes klapstoeltjes en een campingtafeltje op internet besteld als Jasper belt. Hij komt wel naar de uitvaart, maar Katinka is nog steeds opgenomen en hij heeft maar tot zes uur opvang voor Jesse. Als ik hem vertel dat ik bezig ben met een kofferbakborrel, biedt hij aan om een lange houten tafel mee te nemen die hij altijd gebruikt bij filmproducties. Zijn werk als productiemedewerker op filmsets ligt al sinds de lockdown stil, dus die tafel zal toch niet gebruikt worden.

'Ik heb trouwens een idee, Bar, voor een nieuw bedrijf. Ik word coronamanager.' Ik vraag me af waar hij de tijd en energie vandaan haalt om een nieuw bedrijf te beginnen. 'Ik zal toch moeten werken om geld te verdienen,' vervolgt Jasper, 'Als deze lockdown is opgeheven, zullen er wel weer films en commercials worden gedraaid, maar het virus waart nog gevaarlijk rond natuurlijk. Dus ik verhuur me op sets als coronamanager om ervoor te zorgen dat iedereen de anderhalve meter in acht neemt en z'n handen desinfecteert, zodat de regisseur en de rest van de crew daar geen omkijken naar hebben.' Ik geef toe, het klinkt als een goed idee. 'Ik heb een rode bodywarmer besteld met de tekst "coronamanager" op de achterkant en meer investeringen hoef ik niet te doen. Dagprijs 450 euro. Hatseflats.'

'450 euro?' vraag ik verbaasd. 'Dat is twee keer zoveel als een freelance eindredacteur bij de krant krijgt.'

'Kan wel zo zijn, maar ik denk dat ze het er ruimschoots voor overhebben, ik heb hier en daar al mijn netwerk gepolst.'

Als Jasper heeft opgehangen, ga ik door met de organisatie van de kofferbakborrel. Ik bel vrienden van wie ik vermoed dat ze een koelbox hebben en bestel witte wijn, bier en spa rood. Als ik ondertussen even naar de wc ga, kruist mijn blik de spiegel. Mijn haar! Wat moet ik met mijn haar doen op de uitvaart? Ik kan toch moeilijk een boerenzakdoek om mijn hoofd knopen?! Opeens herinner ik me dat mijn moeder altijd een hoed opzette als ze naar begrafenissen ging. Die hoed hebben we zes jaar geleden na haar overlijden weggegeven. Wat jammer.

Even later zit ik op de fiets naar The English Hatter op de Heiligeweg. Nooit binnen geweest, vaak langsgefietst. Ik leg uit dat ik een hoed zoek voor een uitvaart, en dat ik een groot hoofd heb. Dat weet ik van de petten die ik de laatste tijd besteld heb. De dame komt meteen met het type hoed aanzetten dat mijn moeder ook altijd droeg. Ze vraagt of ik hem wil passen. Ik kijk rond of er pashokjes zijn, want ik moet er niet aan denken mijn bandana af te doen terwijl zij toekijkt. Ik zeg dat het niet nodig is, ik neem hem zo mee. Dat is dan 325 euro. Ik verschiet van kleur, maar als ik bedenk dat ik hoogstwaarschijnlijk binnenkort weer een uitvaart heb, reken ik zonder enige aarzeling af.

Vier dagen later staan we met de familie op het grasveldje tegenover De Nieuwe Ooster. De zon schijnt, op Jaspers lange houten tafel staan wijnkoelers gevuld met ijsblokjes en flessen witte wijn, emmers met rondzwemmende blikjes bier en schalen vol sushi en sashimi. Iedereen ziet er mooi uit: de mannen dragen zonder uitzondering een pak, de vrouwen dragen kokette jurkjes met blote benen en pumps. Ik draag als enige een hoed.

Terwijl we herhaaldelijk op Petra proosten, maakt haar jongste zoon, die fotograaf is, portretten van alle aanwezigen. Als hij vraagt of ik mijn hoed wil afzetten, schrik ik me rot. 'Waarom?' vraag ik argwanend. Hij suggereert dat het voor mijzelf misschien leuker is om zonder hoed op de foto te staan. Of eentje met en eentje zonder hoed, dat kan ook. Ik vertel hem dat mijn haar plat is door het dragen van de hoed, dus dat ik hem gewoon op laat. Hij vindt het prima: 'Het was goedbedoeld.'

Dan parkeert een politieauto langs het grasveldje, waaruit twee agenten stappen. Het valt opeens stil, iedereen houdt z'n adem in. Jasper fluistert: 'Dit wordt een dure grap, 390 euro per persoon, maal zevenentwintig.' Terwijl ik bedenk dat de boete voor mij alleen al duurder is dan mijn hoed, loop ik de agenten tegemoet.

De kleinste van de twee neemt het woord: 'Weet u dat u in overtreding bent?' Ik antwoord dat ik me ervan bewust ben maar dat het een condoleanceborrel na een uitvaart betreft.

'Zo ziet het er anders niet uit, het lijkt meer op een feestje.'

Ik ben te verbouwereerd om antwoord te geven en zeg alleen: 'Pardon?', waarop de andere agent, die een kop groter is, antwoordt: 'Excuses, mijn collega drukt zich niet zo handig uit. Gecondoleerd met uw...'

'Schoonzus,' antwoord ik. 'We hebben haar net begraven en

staan hier omdat de condoleancekamer van De Nieuwe Ooster dicht is en we behoefte hebben om nog even met de familie samen te zijn.'

'Begrijpelijk,' antwoordt hij empathisch, 'maar zouden jullie over een uur weg kunnen zijn?'

'Uiteraard,' zeg ik, 'dank u wel, zeer gewaardeerd.' Ik loop terug naar ons gezelschap, en terwijl de agenten instappen en wegrijden, proosten we nog een keer op het leven van mijn schoonzus.

Bastion Hotel

Ik zit aan een klein tafeltje met uitzicht op een parkeerterrein. Het regent, de lucht is grauw. Het interieur van de hotelkamer waar ik me bevind is net zo grijs als de buitenlucht. Achter het bed hangt een zwart-witposter, een mislukte poging om wat sfeer aan te brengen.

Het restaurant van het hotel is gesloten in verband met corona, de roomservice is buiten gebruik. Als je iets wilt eten of drinken, kun je dat doorbellen en het ophalen bij de receptie. Uit mijn koffer pak ik een fles rode wijn, een glas en een bakje nootjes. Ik zet het glas op het bureau, het bakje nootjes ernaast.

Als ik het glas heb ingeschonken, word ik overvallen door zelfmedelijden. Hier zit ik dan in mijn eentje op een hotelkamer van een goedkope keten in Brielle. Morgenochtend om negen uur heb ik een afspraak met haarwerkspecialist Hilde Kloosterman. Ik kon niemand meenemen want in verband met corona ontvangt zij maar één persoon tegelijk in haar kapsalon. De dochters hadden aangeboden om mee te rijden, maar dat vond ik bezwaarlijk. Een leuk uitje kun je dit niet noemen. Ik ben nu blij dat ik alleen ben zodat niemand me hier ziet zitten. Ik bestel een hamburger die ik ophaal bij de receptie en drink de fles wijn tot de helft leeg. Om half tien kruip ik in bed met mijn e-reader.

Als Hilde de volgende dag de deur van haar kapsalon in het centrum van Brielle opent, herken ik haar van de foto op haar website. Ze heeft blond opgestoken haar, draagt een bruine leren broek en laarzen met panterprint. Ik weet dat ze een haarwerk draagt, maar als ik het niet wist had ik dat nooit geraden – het zit perfect.

Midden in de zaak staat een grote tafel waarop hoofden en standaarden staan met haarwerken in alle soorten en maten: kort haar, lang haar, krullen, blond, donker, grijs. Ik ga zitten aan het uiteinde van de tafel, de enige plek waar de tafel leeg is. Hilde loopt naar achteren om koffie te halen.

Even later zitten we tegenover elkaar, allebei met een mondkapje op. Ze vraagt me wanneer mijn haaruitval begonnen is. Ik begin te vertellen, van het eerste plekje toen mijn haar werd geföhnd voor *De Wereld Draait Door* tot het laatste bezoek aan de dermatoloog. Voordat ik ben uitgepraat, barst ik in huilen uit. Voor het eerst. Ze kijkt me zo vol medelijden aan dat ik vermoed dat als er geen corona was geweest, ze was opgestaan om me te omhelzen. Nu loopt ze naar het keukentje achter in de zaak en komt terug met een doos tissues. Ze zegt dat ik mijn mondkapje wel mag afdoen.

Terwijl ik mijn tranen droog en mijn neus snuit, vertelt ze over haar eigen geschiedenis. Ze was kapster van beroep toen acht jaar geleden haar eigen haar plotseling begon uit te vallen. Binnen zes weken was ze helemaal kaal, zelfs haar wimpers en wenkbrauwen vielen uit. Ze was toen vijfendertig jaar en had twee jonge kinderen. Ze is door een zware periode heen gegaan, die iedereen met alopecia zal herkennen. Toen duidelijk werd dat haar haar niet meer terug zou komen, besloot ze in plaats van kapper haarwerkspecialist te worden.

'Heb jij nu helemaal geen haar meer?' vraag ik nieuwsgierig. Ze vertelt dat het op sommige plekken nog wel groeit maar dat dat geen enkele zin heeft dus ze scheert het gewoon helemaal kaal, wel zo overzichtelijk. 'Wil je het zien?' Ja, ik wil het wel zien. Ze legt haar beide handen in haar nek, en hopla, in één beweging van achter naar voren haalt ze het haarwerk van haar hoofd. Ik schrik, en dat ziet ze. 'Daarom vraag ik het ook altijd even van tevoren.'

Of ze het haarwerk altijd draagt, vraag ik. Terwijl het haarwerk als een vossenstaart in haar handen ligt, zegt ze dat ze het altijd meteen na het opstaan opzet, en pas weer afdoet als ze naar bed gaat. Haar man en kinderen weten heel goed hoe ze er zonder haar uitziet, ze zien haar ook kaal onder de douche vandaan komen, ze zijn eraan gewend. 'Maar toch,' zegt ze, 'zien ze me het liefst met haar.'

'Voel jij het haarwerk nog op je hoofd zitten?'

'Nee,' zegt Hilde, 'ik merk er niks meer van, ik denk er nooit meer aan in het dagelijks leven.' Zonder in de spiegel te kijken, zet ze haar haarwerk weer op. 'Zullen we even gaan passen?'

Als ik in de stoel voor de spiegel zit, doet ze mijn hoofddoekje af. Ze bekijkt mijn kale plekken en adviseert mij een volledig haarwerk. 'Met een haarstuk loop je toch het risico dat je de plekken gaat zien en bovendien weet je niet waar het proces eindigt, je zit er nu nog middenin.'

'Denk je dat ik helemaal kaal word, en ook mijn wenkbrauwen en wimpers zal verliezen?' vraag ik Hilde terwijl ik haar aankijk in de grote spiegel.

'Het is gunstig dat jouw haarranden nog intact zijn,' antwoordt de ervaringsdeskundige. 'Daarmee is je prognose voor het behoud van wimpers en wenkbrauwen hoopvol. Maar het vervelende aan alopecia is dat je geen garanties hebt. De ziekte is grillig en onvoorspelbaar.'

Dan pakt ze een haarwerk van een van de standaarden en vraagt of ik mijn hoofd iets voorover wil buigen. Met een snelle beweging zet ze het op mijn hoofd. Het is lang blond haar, langer dan mijn eigen haar. Veel langer dan ik het altijd droeg. Maar daar moet ik niet naar kijken, zegt ze, want ze kan een lengte korter bestellen. Je kunt een haarwerk trouwens ook op de gewenste lengte knippen.

Het is bevreemdend om mezelf weer met zo'n bos haar te zien. Maar ook fijn, het staat me goed. Hilde legt uit dat dit een haarwerk van echt Europees haar is. Dat is verreweg het mooiste, en ook het duurste. Aziatisch haar is goedkoper, maar dat is heel anders van structuur dan ons haar. En de goedkoopste haarwerken zijn van synthetisch haar, maar dat zie je altijd. Ik hoef daar niet over na te denken, ik wil echt Europees haar. Ik wil vooral dat het zo echt lijkt dat niemand het ziet.

'Zal ik een filmpje van je maken? Dan kun je het ook aan je dochters of vriendinnen laten zien.' Ze houdt haar iPhone voor haar borst en geeft de stoel een zwiep zodat ik ronddraai. Als ik nog drie andere haarwerken heb gepast, zijn we het er samen over eens dat de eerste de beste was. Ze meet mijn hoofd. 57 centimeter, ik heb inderdaad een groot hoofd. Het haarwerk kost ruim 4000 euro en het duurt twee tot drie maanden voor het er is.

Als ik het kom ophalen en weer in Brielle wil overnachten, weet Hilde wel een leuker hotel voor me. 'En neem dan ook maar iemand mee,' zegt ze. 'Tegen die tijd is corona wel voorbij.' Drie uur later sta ik weer in de hoofdstraat van Brielle. Ik ben enorm opgelucht dat ik me over een tijdje weer zonder angst en onzekerheid kan vertonen in het openbaar, en intens verdrietig dat ik straks overgeleverd ben aan een haarwerk.

Bossche bollen

Het is twee uur rijden naar Drunen, vanuit Friesland. Onderweg denk ik na over de man die ik ga interviewen voor mijn serie in *de Volkskrant*. Het is het achtste interview dat ik afneem, en ik vind het iedere keer weer spannend om ergens aan te bellen. Een onbekende die de deur opendoet, een huis vol vers verdriet. Het enige wat ik van Jos weet is dat zijn vrouw vijf weken geleden is overleden aan corona. Ze was achtenvijftig jaar.

In de deuropening staat een slanke man met een droevig, sympathiek gezicht. Ik geef hem geen hand, stel me alleen maar voor als Barbara. Ik zie dat zijn blik blijft hangen bij het sjaaltje om mijn hoofd. Inmiddels heb ik zoveel sjaaltjes dat ik bij elk kledingstuk een bijpassend hoofddoekje kan dragen. Deze is appelgroen en past perfect bij mijn groene jurk.

'Fijn dat je er bent, kom binnen,' zegt hij en gaat me voor naar de grote woonkamer. Er staat een zwarte vleugel, helemaal vol met uitgestalde kaarten. 'Ik heb meer dan vierhonderd kaarten ontvangen,' licht Jos toe. 'Uit alle hoeken en gaten komen de condoleances. Als je meer dan twintig jaar in de horeca zit, ken je zo vreselijk veel mensen.'

Overal staan brandende kaarsen. Op de grote eettafel waaraan we plaatsnemen, ligt de rouwkaart met de foto van zijn vrouw erop. Blakend van gezondheid. Jos gaat schuin tegenover me zitten, de afstand tussen ons is denk ik wel tweeënhalve meter. Hij begint te vertellen over hun ontmoeting. Vijftien jaar geleden kregen ze een relatie. Het was zijn derde vrouw, na twee ongelukkige eerdere huwelijken. Ze waren elkaars grote liefde, elke dag van de afgelopen vijftien jaar had hij tegen haar gezegd hoeveel hij van haar hield. Ze noemden elkaar duifje.

Ze was begin maart naar een begrafenis van de moeder van een vriendin gegaan. De vrouw was 97 geworden, een mooie leeftijd. Tijdens de condoleance hadden de mensen elkaar niet aangeraakt, en er werden ook geen handen geschud. Toch hadden alle aanwezigen, zonder uitzondering, een week later corona. Petra was de enige die in het ziekenhuis terechtkwam. In eerste instantie in het ziekenhuis in Den Bosch. Maar ze moest al snel naar de intensive care en omdat die vol was werd ze naar Den Haag gebracht. Hij mocht haar niet opzoeken, hun contact verliep via FaceTime. Totdat ze na een week zei dat het zo slecht ging dat ze geïntubeerd moest worden. Ze liet een verpleegkundige een filmpje van zichzelf maken waarop ze grootmoedig tijdelijk afscheid nam van Jos. Ze zou heus beter worden, voor de appelboom in bloei stond was ze weer thuis. Ze stak aan het eind van het filmpje haar duim omhoog.

Tijdens het gesprek staat de doos tissues binnen handbereik, Jos moet een aantal keer huilen.

Vanaf het moment dat ze aan de beademing lag, is het alleen maar slechter gegaan. Ze werd 's nachts per ambulance naar het ziekenhuis in Leidschendam vervoerd, de capaciteit op de intensive care in Den Haag stond ook onder druk. Op haar verjaardag is Jos naar het ziekenhuis gegaan. Met twee dozen Bossche bollen om uit te delen aan het verplegend personeel.

Hoewel het eigenlijk niet was toegestaan, mocht hij die dag naast haar bed zitten. Hij heeft haar eindeloos zijn liefde verklaard, in de hoop dat ze er toch nog iets van zou meekrijgen. De volgende dag is ze overleden. Ze kwam thuis toen de appelboom in bloei stond, dat had ze goed voorspeld, alleen kwam ze thuis in een kist.

Als ik drie uur later in de auto op weg naar huis zit, stromen de tranen over mijn wangen. Hoe oneerlijk is het leven dat je er als vrouw van eind vijftig zo wreed uit weggerukt kunt worden? En ik maak me verdorie druk over een haarziekte, iets waar ik honderd mee kan worden. Heel even schaam ik me, dit keer niet voor mijn uiterlijk, maar voor mezelf.

Big hair

Eindelijk heb ik Kees in mijn armen, de dochter van mijn dochter. Laura slaat op anderhalve meter afstand gade hoe ik me laat gaan. Kees lijkt op Laura als baby. Donkerbruin, bijna zwart haar. Niet te veel, niet te weinig, precies goed. Ik weet dat het haar over een jaar heel blond zal zijn. Laura was ook een blonde peuter, pas toen ze een jaar of vijf was begon ze donkerder te worden. Nu heeft ze donkerblond haar en bruine ogen, net als haar vader.

Ik mompel onbenullige teksten: 'Dag druif, mag omi je eindelijk vasthouden. Als je straks een mollige baby bent, gaat omi je doodknuffelen.' Als ik opkijk, zie ik Laura's trotse blik. Haar droom is uitgekomen, ze is zesentwintig en heeft een kindje. Ik herken het, ik had ook zo'n vurige kinderwens en werd moeder op mijn vijfentwintigste.

'Milène vroeg me van de week wat er met je haar is.' Ik schrik. Is dan nu het moment gekomen dat ik het niet meer kan verhullen met sjaaltjes en petten? 'Ze zei dat het niet ontzettend opviel, maar dat ze altijd heel erg op haar let omdat zij zelf slecht haar heeft.'

'Wat heb je geantwoord?' vraag ik, meteen op mijn hoede.

'Ik heb verteld dat jij alopecia hebt, ik vond het raar om daarover te liegen.' Als ze de paniek in mijn ogen ziet, zegt ze: 'Mam, Milène zal dat echt absoluut aan niemand doorvertellen, wees maar niet bang.' Ik wil haar graag geloven, maar houd mijn hart vast.

Als ik 's avonds voor de televisie zit, verschijnt Fidan Ekiz in beeld. Het enige waar ik naar kijk, is haar haar. Wat een allemachtige hoeveelheid haar. Ik zap naar een andere zender. Linda de Mol. Wat heeft zij ook ontzettend veel haar. Zo dik en zo lang. Ik zap weer verder, op de vlucht voor vrouwen met mooi haar. Ik begrijp opeens waarom de compagnon van Laura op haar let. Als je het zelf niet hebt, ga je op het haar van anderen letten.

Een paar jaar geleden was ik met zes vriendinnen naar Oerol, het theaterfestival op Terschelling. Op een met witte wijn overgoten avond concludeerden we dat de helft van ons gezelschap een gigantische krullende haardos had, en de andere helft steil haar. Hoewel ik de *big hair*-look van mijn vriendinnen bewonderde, was er geen haar op mijn hoofd die het gesprek vervelend vond. Het was meer grappig omdat het ons nu pas opviel dat ons groepje precies gelijk verdeeld was in krul en steil.

Ik herinner me dat ik ooit eens een presentatietraining bij Judith Bosch volgde. In de jaren zeventig een bekende presentatrice, met kort blond haar. Ik weet nog dat we na de cursus een glaasje wijn dronken en het over het belang van uiterlijk op televisie hadden. Judith vertelde dat ze altijd ontzettend onzeker was geweest over haar haar. Omdat het zo dun en futloos was, was een heel kort koppie de enig mogelijke haardracht. Ik begreep er toen niets van, ik zei dat het haar juist goed stond.

Nu pas realiseer ik me hoeveel pech je hebt als je bent veroordeeld tot een pittig kort kapsel vanwege je spriethaar. Als mijn haar ooit weer gaat groeien, zal ik God iedere dag op mijn blote knieën danken. Een weelderige haardos kan ik nooit meer als iets vanzelfsprekends beschouwen.

Hond

'Waarom gaan we hier eigenlijk niet permanent wonen?' zegt Thomas, terwijl hij in een luie tuinstoel ligt met zijn voeten omhoog en een pet op zijn hoofd vanwege de zon.

'Waarom?' vraag ik. 'Corona gaat heus wel een keer voorbij.'

Thomas wijst mij erop dat hij over een paar maanden stopt met werken. De afgelopen tien jaar werkte hij als huismeester van een appartementencomplex in de Amsterdamse Pijp, en contractueel is overeengekomen dat hij drie maanden voordat hij drieënzeventig wordt met pensioen zal gaan. Op dit moment hoeft hij, net als alle andere Nederlanders, niet op zijn werk te verschijnen en voert hij zijn taken telefonisch uit. 'Jij kunt je schrijfwerk overal doen, je hoeft niet in Amsterdam te wonen,' zet Thomas zijn betoog voort. 'Als ik niet meer werk, ben ik liever hier dan in de stad.' Hij zegt dat we vaak genoeg naar Amsterdam kunnen gaan, het is maar vijf kwartier rijden. Drie van de vier kinderen en al onze vrienden wonen in Amsterdam, we kunnen bij genoeg mensen logeren.

Tien jaar geleden zou ik nog gezegd hebben dat ik nooit, echt nooit uit Amsterdam zou vertrekken. Maar of het nu door corona komt, door mijn leeftijd, of door een combinatie van die twee, mijn wereldbeeld is dusdanig gekanteld dat ik het onmiddellijk een charmante gedachte vind. Wonen op twee plekken klinkt leuk, maar twee huizen hebben is ook duur en vermoeiend. Wat ligt waar in de koelkast? Is het bed nou hier verschoond of daar?

Waar zijn de batterijen, o nee, die liggen in het andere huis.

Na het eten zetten we het gesprek voort met een fles wijn tussen ons in. Opeens zien we alleen maar voordelen van het wonen in Friesland, ook financieel. De weldadige ruimte, rust en natuur die we de laatste maanden ervaren is doorslaggevend. We hakken de knoop door en besluiten de huur van ons appartement op de Kloveniersburgwal op te zeggen. We klinken onze glazen tegen elkaar en proosten op Fryslân boppe.

Opeens schiet me iets te binnen: 'Maar dan mag ik een hond!' Sinds de kinderen het huis uit zijn, verlang ik naar een hond. Thomas wilde er niets van weten, hij vindt een hond in de grote stad je reinste dierenmishandeling. Ik zie aan zijn gezicht dat hij niet heel blij is dat ik nu meteen over een hond begin, maar hij begrijpt ook dat zijn jarenlange argument om het tegen te houden van de baan is.

'Ja, in principe zouden we dan een hond kunnen nemen.' In mijn oren klinkt het als een volmondig akkoord en ik vraag of hij voorkeur heeft voor een ras.

'Nee,' antwoordt hij, 'als het maar een echte hond is, dus een beetje groot graag.'

De volgende dag besteed ik de hele dag aan googelen naar honden. Ik kom terecht op een website met de merkwaardige naam bazoeki.com waarop je een test kunt doen welke hond het beste bij je past. Het moet dus een flinke hond zijn. Ik vind het prettig als een hond actief is want ik wil graag veel wandelen en samen activiteiten ondernemen. Hij moet een zacht en vriendelijk karakter hebben voor de kleinkinderen. Rustig en stabiel van aard, geen zenuwlijder. Het uiterlijk van de viervoeter is ook belangrijk, het is toch prettig om de hele dag naar een mooi dier te kijken. Ik heb een uitgesproken voorkeur voor 'effen' in plaats van gevlekt, maar dat is een criterium dat ik niet terugvind in de test.

Volgens de uitslag voldoen een golden retriever, labrador of

Friese stabij het meest aan mijn hondenwensen. Niet echt origineel, maar je kunt je afvragen of een hond origineel moet zijn. De stabij valt meteen al af, want die bestaan alleen in gevlekte uitvoeringen.

Ik schakel over op de zoekopdracht 'labrador fokkers' en 'golden retriever fokkers'. Op de meeste websites zijn de telefoonnummers weggehaald en staat er alleen nog een mailadres, omdat fokkers helemaal horendol blijken te worden van de enorme vraag naar honden nu veel mensen noodgedwongen thuiszitten. De meeste fokkers hebben zelfs hun mailadres van de site verwijderd en op hun homepage gezet dat ze kampen met overvolle wachtlijsten en voorlopig geen aanvragen meer in behandeling nemen. Ik mail de fokkers die nog wel een mailadres hebben. Met mijn eerste zin 'Het is al heel lang mijn wens om een hond te hebben' hoop ik de fokker te overtuigen dat dit niet een aanvraag voor een coronahond betreft.

Op de meer dan vijftig mails aan labrador- en goldenretrieverfokkers krijg ik van een enkeling antwoord. De wachtlijsten zijn tot en met 2021 vol, ik hoef me geen illusie te maken dat ik dit jaar nog een hondje krijg. Op Marktplaats en Puppyplaats tiert de handel in hondjes van obscure afkomst welig. Voor vuilnisbakken wordt zonder gêne tweeduizend euro gevraagd.

Een van de fokkers mailt me dat ze zich ernstig zorgen maakt over de toekomst van deze coronahonden. 'Als de kinderen straks weer naar school gaan en de ouders buitenshuis werken, is er opeens geen tijd meer voor een hond. Na corona zullen de asielen uitpuilen.' Corona heeft kennelijk niet alleen de mensenwereld getroffen, maar doet ook een aanslag op het dierenrijk.

Telefoontje

Kees is voor het eerst op bezoek in Friesland. Het is schitterend weer, we zitten met z'n allen in de tuin. De ouders van Kees liggen in een tuinstoel, de baby ligt in de kinderwagen onder een grote parasol. We letten goed op dat ze niet in de zon komt, want haar huidje heeft nauwelijks daglicht gezien. Laura en Lukas wonen op een etage midden in de stad zonder balkon. Meer dan een beetje lucht boven Amsterdam-West heeft Kees tijdens een wandelingetje niet gezien.

De vijf zit in de klok, meldt Thomas. 'Wat willen we drinken?' Ik kijk op mijn horloge en zie dat het vijf over vier is. Lukas wil een Campari Soda, Laura opteert voor een alcoholvrij biertje. Ze neemt af en toe een slokje wijn uit het glas van iemand anders, voor de smaak, want ze heeft het voornemen een half jaar borstvoeding te geven en dat heeft consequenties.

We staan net op het punt om te proosten als mijn telefoon gaat. Ik wil de beller wegdrukken maar dan zie ik dat het Paulien is. Geen FaceTime, dat is gek, is het eerste wat ik denk.

Als ik opneem hoor ik een heel klein stemmetje aan de andere kant van de lijn: 'Barbie, ik lig weer in het ziekenhuis.' Ik sta op en loop langs het huis naar de achtertuin.

'Hè godver,' reageer ik te snel, 'is die slokdarm nou nog niet dicht.' Het is even stil aan de andere kant van de lijn, ik hoor mijn vriendin slikken.

'Ze hebben me vanochtend verteld dat ik doodga.'

Ik begrijp niet dat het zo snel is gegaan: 'Je klonk kortgeleden nog zo optimistisch.'

'Ja, maar die kloteslokdarm laat me in de steek. Dat gat wordt alleen maar groter in plaats van kleiner, en daar ga je dood van.' Ik realiseer me dat ze dus zal overlijden aan de gevolgen van de bestraling in plaats van aan de kanker.

'Dokter Jan heeft me verteld dat hier niks meer aan te doen valt. Mijn schoonzus die internist is zat erbij, maar zij beaamde wat de oncoloog zei. Ik ben woedend. Het lijkt wel of iedereen me nu in de steek laat.'

Ach arme, denk ik, niemand laat jou in de steek, jouw lichaam laat je in de steek.

'Maar nu neem ik de regie weer over,' ze klinkt opeens weer als de oude Paulien. 'Ik ga natuurlijk niet in dit kloteziekenhuis overlijden, dat snap je. Ik heb gezegd dat ik zo snel mogelijk naar huis wil, dan kan ik de euthanasie in gang zetten.'

'Hebben ze gezegd hoelang je nog hebt dan?'

'Niet lang, ik denk max een paar weken. Maar ze moeten me even oplappen zodat ik naar huis kan want ik lig hier nu aan de morfine en de sondevoeding. Wat is het nu, vrijdag? Dan ga ik ervan uit dat ik maandag thuis ben.' Ik vraag of ik maandag langs kan komen.

'Graag Barbie, graag! Neem je dan oesters mee? Gaan we die lekker samen in mijn tuin opeten.' Ik beloof haar twee dozijn verse oesters en een fles Meursault.

'Tot maandag, schat!'

Als ik het terras weer op loop, zie ik drie vragende gezichten. 'Pien gaat dood,' zeg ik. 'Ik denk dat ze maandag niet haalt.'

Samson

Elke dag las meneer Kruiper een verhaaltje voor uit de kinderbijbel. Hoewel mijn ouders zelf niet gelovig waren, zaten mijn broertjes en ik op de Sint Lukasschool, een katholieke lagere school, in Drachten. We gingen daarnaartoe omdat mijn moeder niet wilde dat de tweeling bij elkaar in de klas zou zitten. De Sint Lukas was een jenaplanschool waar kinderen van verschillende leeftijden gemengd werden in een zogenoemde stamgroep. Of dit zo'n ideaal systeem was, deed er niet toe; de broertjes zaten niet bij elkaar.

Als offer hebben wij onze hele jeugd moeten bidden en naar Bijbelse verhalen moeten luisteren. Waarover we dan weer werkstukken moesten maken, want bij het jenaplanonderwijs staat creativiteit hoog in het vaandel. Ik heb er geen trauma aan overgehouden, ik hield van verhalen en van werkstukken maken. Vooral het verhaal van Samson en Delilah maakte diepe indruk op me.

De Israëlische Samson, een man met prachtige lange lokken, valt als een blok voor Delilah die er door de Filistijnen, een vijandig volk, op uit gestuurd was om uit te vinden waarom Samson onoverwinnelijk is. Ze probeert van alles, maar ze komt niet achter zijn geheim en is radeloos. Samson kan er niet tegen om de vrouw op wie hij zo verliefd is zo verdrietig te zien en hij verklapt haar dat zijn kracht in zijn haren zit. Als dat wordt afgeknipt, is hij net zo zwak als ieder ander. Delilah neemt 's nachts de schaar ter hand en kortwiekt Samson.

De volgende dag heeft Samson al zijn kracht verloren en levert Delilah hem uit aan de Filistijnen die hem tot overmaat van ramp ook nog eens zijn ogen uitsteken. Ze stoppen hem in een kerker waar hij jaren later uit gehaald wordt om tentoongesteld te worden. Niemand had echter rekening gehouden met het feit dat zijn haar weer aangegroeid zou zijn. Ze binden Samson vast tussen twee pilaren die hij beide omtrekt waardoor de hele tempel instort. Hij sterft onder het puin, samen met zijn vijanden.

Ik ben een soort Samson. In mijn haar zit geen fysieke kracht, maar wel een andere kracht, die te maken heeft met zelfvertrouwen en elan. Ik was meer dan twee decennia een representatieve hoofdredacteur, een uithangbord van verschillende magazines en de krant. Ik had lang blond haar, droeg jurken en hoge hakken. Ik ben niet alleen een jonge moeder omdat ik mijn eerste kind kreeg toen ik vijfentwintig was, maar ook omdat ik er nog altijd jeugdig uitzie en hetzelfde blonde haar heb als mijn volwassen dochters. Ik krijg nog steeds, ook als vrouw van middelbare leeftijd, aandacht van mannen.

Het merkwaardige is alleen dat het allemaal niet belangrijk meer voor mij is. Ik ben geen hoofdredacteur meer, ik kan rustig de hele dag met mijn kale kop in een juten zak zitten schrijven, niemand die het ziet. Ik heb het nooit geambieerd om er zo jong uit te zien als mijn dochters. Ik vond de commercial van het botermerk Era 'net zo slank zijn als je dochter' in mijn jeugd al bespottelijk. Ik verbeeld me ook niks, ik zie eruit als een vrouw van halverwege de vijftig, of ik nu lang haar heb of niet. En aandacht van mannen? Graag op basis van goede gesprekken, humor en een lekker glas wijn.

Waarom hecht ik dan zoveel waarde aan mijn lange blonde haar? Omdat ik me zonder haar, net als Samson, zwak en weerloos voel.

Voicememo

De hortensia's staan volop in bloei, de temperatuur schiet omhoog en de coronamaatregelen worden versoepeld. Na de vreselijke lockdown snakt iedereen naar de zomer. Hoewel alle festivals zijn afgelast, de anderhalvemeterregel van kracht blijft en mondkapjes in het openbaar vervoer verplicht worden, komt het gewone leven toch weer op gang. Terrasjes, etentjes, kleine feestjes; mijn Amsterdamse vrienden pakken gretig de draad weer op, en ik word overal voor uitgenodigd. Hoewel ik sta te popelen om weer eens bourgondisch uit eten te gaan, ouderwets door te zakken in een bruin café of uitbundig te dansen op discomuziek, zit ik als een kluizenaar in Friesland te wachten op mijn haarwerk.

Vriendinnen uit Amsterdam stellen voor om naar Friesland te komen. Ik wil het niet, ik wil niemand zien. Omdat ik smoezen verzin om niet te hoeven afspreken, beginnen Thomas en de kinderen zich zorgen te maken. 'Mam, je hebt toch juist vrienden om dit soort dingen mee te delen?' Dat weet ik wel, maar toch lukt het me niet om het ze te vertellen. En ik wil ze ook echt niet zien.

Is het schaamte? Ja, ik schaam me kapot. Zelf kan ik de kale plekken op mijn hoofd al nauwelijks aanzien, laat staan dat ik mijn vrienden daarmee wil confronteren. Ik wacht tot mijn haarwerk er is. Ze moeten maar even geduld hebben.

Goede vriendinnen hebben geen geduld. Ze beginnen te pushen om langs te komen, en ik reageer steeds bitser. Ik weet dat ik ze moet bellen en stel me voor hoe het gesprek verloopt: 'Ik moet je iets vertellen, ik heb alopecia areata. Nooit van gehoord? Nee, had ik ook niet hoor. Maar ik heb dus bijna geen haar meer op mijn hoofd en word waarschijnlijk helemaal kaal.' En dan de reactie aan de andere kant van de lijn, daar zie ik het meeste tegen op, die bom van empathie waar ik niet tegen kan. Ik ben geen huiler en vermijd bij voorkeur situaties waarbij mijn waterlanders aan de oppervlakte kunnen komen.

Als ik tijdens een slapeloze nacht lig te piekeren, bedenk ik een oplossing. Ik ga voor mijn vrienden voicememo's inspreken. Dan kan ik ze wel feitelijk op de hoogte brengen, maar hoef ik niet in gesprek.

De volgende dag maak ik een wandeling van twaalf kilometer om de Langweerder Wielen. Ik spreek het ene na het andere bericht in. Ik leg uit wat de ziekte inhoudt, ik leg uit hoe ik me voel, hoe groot de schaamte is. Ik vertel dat er een haarwerk in de maak is en dat we weer kunnen afspreken zodra ik dat ding heb. En ik vraag iedereen nadrukkelijk om het aan niemand te vertellen. Ik ben als de dood dat het uitlekt. Ik ben helemaal niet bekend, maar toch ben ik bang dat een inferieur *juice channel* opeens kopt: Barbara van Beukering wordt kaal.

Als ik die avond op de bank zit, stromen de appjes en voiceberichten van mijn vriendinnen binnen. Ze zijn zonder uitzondering allemaal ontzet, en zonder uitzondering had niemand van de ziekte gehoord. Aan de emoticons die ze gebruiken en hun meelevende stemmen in de spraakberichten leid ik af dat ze het heel erg voor me vinden. Een aantal van hen laat het woordje 'identiteit' vallen, terwijl ik dat zelf niet heb gebruikt. Ze hebben zelf allemaal mooi, lang en dik haar en zeggen dat ze goed begrijpen hoe verschrikkelijk het moet zijn om het te verliezen. Niemand relativeert, niemand bagatelliseert. Mijn angst dat ze me een aansteller vinden, blijkt ongegrond en dat doet me goed. En ik ben vooral opgelucht dat ze het nu eindelijk weten.

Hoop

'Het gaat heel slecht, lieve Bar. Er is besloten slaapmedicatie te geven,' appt de broer van Paulien mij op zondagochtend. 'O God, is dat het begin van palliatieve sedatie, komt ze nog bij?' reageer ik. 'Nee, nog geen palliatieve sedatie, daarmee moet ze instemmen, en dat wil ze niet.'

In de loop van de middag wordt het lijden steeds ondraaglijker en besluit het artsenteam extra slaapmedicatie te geven als medische interventie. Pauliens broer houdt me op de hoogte. Binnen een paar uur lijkt Paulien steeds verder weg te glijden, ademt ze minder frequent en wordt haar gezicht meer ontspannen. Tot ze rustig overlijdt. Zonder afscheid, zonder ermee in te stemmen. Ingehaald door de dood.

Een week later trek ik dezelfde jurk aan en zet dezelfde hoed op als een maand geleden. De versoepeling van de coronamaatregelen houdt in dat er nu dertig mensen éxclusief de uitvaartmedewerkers aanwezig mogen zijn. Terwijl ik tijdens de uitvaartdienst luister naar de prachtige muziek, denk ik na over haar sterfbed. Hoe is het toch mogelijk dat zij het zich zo anders had voorgesteld, ze wilde nota bene de regie in eigen hand houden. Hoe is het mogelijk dat ze in een fuik is gezwommen waar ze niet meer uit kwam. Overleden aan de behandeling, tijdens de behandeling, in het ziekenhuis, een plek waar je liever niet dood gevonden wil worden.

Ik huil om het verlies van mijn unieke vriendin, maar ook om de manier waarop het gegaan is. Sinds de diagnose negen maanden geleden heeft ze geen enkele periode gehad waarin ze vrij was van pijn en kon genieten van haar dierbaren. Ze doorstond de pijn in de veronderstelling zich daarna beter te gaan voelen. Dat er nog een tijd zou aanbreken waarin ze afscheid kon nemen en de regie kon terugpakken. Dat is allemaal niet gebeurd, en daarmee is de lijdensweg voor niets geweest.

Hoop doet leven, wordt vaak gezegd. Maar in het geval van Paulien heeft haar hoop de kans op berusting lelijk in de weg gezeten. Hoewel ik er een heel boek over heb geschreven, is het voor mij nog steeds een raadsel waarom de ene mens wel in staat is om de dood te accepteren, en de ander helemaal niet. Ik heb weleens gedacht dat ik het zelf wel onder ogen zou kunnen zien, maar dat mijn slimme, stoere, autonome vriendin Paulien het niet kon, stemt me nederig.

Filosoof des vaderlands René Gudde schreef het boek *Sterven is een makkie, iedereen kan het*. Op de keper beschouwd heeft hij gelijk dat iedereen het kan. Maar het is beslist geen makkie, dat is pertinente onzin. Als omgaan met haarverlies al zo moeilijk blijkt te zijn, hoe moet je dan omgaan met het verlies van je leven?

Boottochtje

Er moet iets leuks gebeuren, daar zijn we allemaal aan toe. Daarom heb ik een grote sloep gehuurd. Alle kinderen komen, plus aanhang, plus de twee kleinkinderen, een van drie en een van zes weken.

In aanloop naar de zaterdag waarop we gaan varen zie ik op mijn app dat het weer niet zo goed zal worden. Weercijfer 4, een hele dag wolken en regen. Ik bel de sloepenkoning van Langweer en krijg een receptionist aan de lijn die mij verzekert dat het weer mee zal vallen. Als het toch met bakken uit de hemel komt, kunnen we een tegoedbon krijgen om een andere keer te varen. Voor een beetje regen hoeven we niet te vrezen, dat kan die sloep wel aan. 'En mijn kleindochter van zes weken?' 'Ook geen probleem, die kunt u met wagen en al onder het kapje voor in de sloep zetten.'

Het is duidelijk dat het niet droog zal blijven, dus alle kinderen hebben een regenjas aan en ik draag een zuidwester. Heb ik onlangs besteld op Zalando, hartstikke leuk hoofddeksel dat je legitiem kunt dragen als er regen in de lucht hangt.

Jesse denkt daar iets anders over: 'Waarom heb je een muts op omi, het regent toch niet?'

'Nee lieverd, maar het gaat zo meteen wel regenen en dan heb ik 'm maar vast op.'

Ik loog niet want we zijn nog niet aan boord of het begint te regenen. Dochters en schoondochter posteren zich met kinderwagen onder het kapje voor in de boot. Thomas staat aan het stuur met aan zijn ene zijde Jasper en zijn andere Lukas. Ik zit als enige op de bank aan de zijkant met Jesse op schoot. Midden op de Kûfurd valt de regen met bakken uit de lucht. Tegen zoveel regen zijn onze regenjassen niet bestand. Als we aanleggen bij restaurant Omke Jan in Woudsend, zijn de mannen en ik tot op het bot zeiknat. In het halletje van het etablissement hangen we onze regenjassen aan een uitpuilende kapstok, en ik verruil mijn zuidwester snel voor een pet.

Er staat een lange gedekte tafel voor ons klaar waar iedereen wat omheen drentelt om zijn plek te bepalen. Even later noteert de ober vijf Tripel Karmeliet, drie witte wijn en één appelsap. De koude rillingen negerend, houd ik de moed erin: 'Nou jongens, wat fijn, eindelijk weer eens een leuk uitje!' Nadat we geproost hebben op een corona- en sterfgevallen-vrije toekomst duikt iedereen in de menukaart want onze kinderen hebben altijd trek.

Ik vraag Katinka, die tegenover mij zit, hoe het nu gaat. Ze vertelt dat ze sinds de opname op de crisisdienst van de ggz geen angstaanvallen meer heeft gehad. De medicijnen zijn inmiddels ingeregeld, zoals dat heet, en er komt elke woensdag een casemanager om te vragen hoe het gaat. En af en toe heeft ze een zoomgesprek met haar psychiater. Verder reikt de psychiatrische hulp niet want de klinieken zitten vol en de wachtlijsten zijn eindeloos. Goddank is de kinderopvang sinds 8 juni weer open en kan Jesse hele dagen naar de crèche waar hij het erg naar zijn zin heeft. Jasper heeft het druk sinds hij zich verhuurt als social distance-manager op filmsets.

'Kortom,' vat ik monter samen, 'het gaat een stuk beter met jullie.'

'Met Jasper en Jesse wel,' antwoordt mijn schoondochter, 'maar ik voel me nog steeds slecht. Ik kom mijn bed nauwelijks uit. Er komt nu iedere ochtend een gezinshulp om me daarbij te helpen. Maar dat is natuurlijk ook niks, zo'n vrouw in je huis.'

Ik realiseer me dat mijn probleem zich afspeelt op mijn hoofd, bij haar zit het in haar hoofd. We hebben allebei een ziekte maar die van mij is cosmetisch, die van haar maakt het haar vaak onmogelijk om te functioneren. Mijn sombere gevoelens komen voort uit schaamte, hopelijk ben ik daar vanaf als ik mijn haarwerk krijg en ik mezelf weer kan zijn. Mijn schoondochter is levenslang veroordeeld omdat ze een ziekte heeft waardoor ze nooit meer zichzelf kan zijn.

Fokker

'Hallo, met Beppie van goldenretrieverfokker Abigail,' klinkt het als ik mijn telefoon opneem. 'U hebt een mailtje gestuurd dat u op zoek bent naar een goldenpup, klopt dat?'

Mijn hart maakt een sprongetje. Ik heb meer dan honderd mailtjes gestuurd naar fokkers, dit is de eerste die terugbelt. Ik antwoord dat we inderdaad op zoek zijn naar een pup.

'Op dit moment is een van onze honden zwanger, en wij verwachten over een dag of veertig een nest. Als u wilt kunnen we een afspraak maken, dan kunt u Shakira, de moederhond, zien.'

Een week later zitten Thomas en ik in de auto naar Gemert, een dorpje in Brabant. Het is voor het eerst in mijn leven dat ik op weg ben naar een hondenfokker en ik kan me er geen voorstelling van maken. In de bevestigingsmail legde Beppie uit dat hun huis op een recreatiepark ligt. Als we aankomen moeten we bij de slagboom bellen naar een nulzesnummer, dan zal haar man Rikus ons op komen halen.

Twee uur later staan we voor de slagboom van het recreatiepark waar de navigatie ons naartoe heeft gestuurd. Rikus neemt meteen op, hij komt eraan maar het kan even duren.

Even later zien we een enorm dikke man achter een rollator, die schuifelend onze kant op komt. Die is obees, denk ik, maar ik weet niet of ik dat woord nog mag denken van mijn woke jongste dochter.

'Dat zal Rikus toch niet zijn?' vraag ik hardop, maar voordat

Thomas antwoord kan geven begint Rikus al naar ons te zwaaien: 'Ik open de slagboom, rijden jullie maar achter mij aan.'

En zo rijden we tergend langzaam achter de schuifelende Rikus aan. Gelukkig blijkt hun huisje zich aan het begin van het park te bevinden.

Als we binnenkomen, worden we overvallen door een indringende lucht. Zoveel hond heb ik nog nooit in mijn leven geroken, ik word er op slag misselijk van. In de huiskamer staat Beppie op van haar stoel: 'Hallo, konden jullie het vinden? Wij geven geen handen hoor, veels te gevaarlijk. Willen jullie koffie? Ga maar vast aan tafel zitten.'

Thomas en ik nemen aan de ene kant van de grote eikenhouten tafel plaats, Rikus gaat tegenover ons zitten, op de plek waar een opengeklapte laptop op tafel staat. Het lijkt alsof hij op twee stoelen tegelijk zit. Op de vloer van de kleine woonkamer liggen witte plavuizen, aan de wand hangen fotolijsten met alleen maar foto's van golden retrievers. Beppie staat in de open keuken waar we de koffie horen pruttelen.

'Waarom willen jullie een golden, als ik vragen mag?' opent Rikus het gesprek.

Ik vertel hem dat ik me uitvoerig heb georiënteerd en dat golden retrievers heel lieve en gemakkelijke honden zijn en bovendien schitterend om te zien.

'Klopt,' zegt Beppie vanuit de keuken, 'ze zijn heel lief en zachtaardig. Maar of ze makkelijk zijn ligt aan je eigen opvoeding.'

Als Beppie even later aanschuift met de glazen koffiepot en vier kopjes, kijkt Rikus op het scherm van zijn laptop en begint uit te leggen wat de stamboom van de moederhond is. Er volgt een heel betoog over goed sperma, dekken, bloedlijnen, showlijnen, zaken waar wij tot nu toe nooit van gehoord hadden en die ons maar matig interesseren. Ondertussen is er geen hond te bekennen. Terwijl Thomas en ik nog net niet zitten te knikkebollen, begint Rikus na drie kwartier zijn verhaal af te ronden. Nu pas durf ik te vragen of we de hond mogen zien.

'We hebben het nog niet over de kosten gehad,' zegt Rikus, 'dat lijkt me ook niet onbelangrijk.'

'Ik zet zo de bijkeukendeur open,' reageert Beppie op mijn vraag.

'Een pup kost 2500 euro, dat is marktconform,' vervolgt Rikus. 'Daarvoor heb je dus een prachtige stamboom, en is het hondje gechipt en ingeënt.' Dan staat Beppie op om de bijkeukendeur open te doen.

'Niet schrikken hoor,' waarschuwt ze, 'het zijn er vijf.'

'Vijf?' reageert Thomas verbaasd.

'Ja, we hebben vijf goldens en daartussen zit Shakira, de moederhond. Die wijzen we zo wel aan.'

Op het moment dat Beppie de deur opendoet, stuiven er vijf joekels van golden retrievers de kamer in. Drie rennen op mij af en springen wild tegen me op. Rikus roept 'Laag! Laag!', maar daar luistert geen hond naar. Een van de honden zet zelfs haar poten op mijn schouders. Ik wil me niet laten kennen, misschien val ik door de mand als toekomstig baasje, maar ik sta doodsangsten uit. Ik ben nog nooit belaagd door drie zulke grote drukke honden. Ondertussen probeer ik tussen het hondengeweld door naar Thomas te kijken. Eén hond heeft haar poten op Thomas' schoot gezet en likt zijn wang af.

'Sorry,' verontschuldigt Beppie zich, 'ze hebben een beetje lang in de bijkeuken gezeten dus ze hebben nogal veel energie.'

'Wie is Shakira?' mijn stem klinkt hoog en schril.

'Die bij je man op schoot,' antwoordt Rikus. 'Dat ken je aan d'r buik zien want die is al dikker.'

Ik kijk naar de moederhond en zie geen verschil met de andere honden. Ze zijn allemaal zwaar en ze hebben allemaal heel veel haar. Ik aai de honden om een goede indruk te maken, en ondanks het feit dat ze overweldigend zijn, hebben ze lieve koppen.

Ik haal opgelucht adem als Thomas zegt: 'Het zijn prachtige honden, maar wij moeten weer eens gaan.'

Beppie roept de honden bij hun namen om ze weer naar de bijkeuken te dirigeren. 'Beyoncé, Shakira, Taylor, Madonna en Solange, hup naar jullie hok!'

Als ze niet luisteren trekt ze de honden een voor een van Thomas en mij af en duwt ze als een schapendrijver de bijkeuken in. We bedanken hartelijk voor de koffie en zeggen dat we er een nachtje over moeten slapen.

Als we in de auto stappen, zien we dat we allebei van top tot teen onder de haren zitten.

'Ik wil helemaal niet een langharige hond die zo verhaart,' zeg ik tegen Thomas terwijl de slagboom van het recreatiepark automatisch opengaat.

'Ik ook niet,' antwoordt hij. 'Ik vind het al een karwei om jouw haren door het hele huis te stofzuigen, daar kunnen we niet nog meer haar bij hebben.' Ik verstijf.

'Sorry, grapje. Je hebt gelijk, we gaan op zoek naar een hond met kort haar.'

Verstoppertje

De zon staat hoog aan de strakblauwe hemel, de zeilbootjes liggen stil op het meer want er is nauwelijks wind. Ik lig achter het huis de krant te lezen als de bel gaat. Ik schrik, zoals ik tegenwoordig altijd schrik als de bel gaat, want mijn hoofd is niet bedekt. Thomas is aan het varen met een vriend – wat moet ik? Als ik nu naar de hal loop waar mijn petten boven op de kapstok liggen, ben ik te zien door het raampje in de voordeur.

De bel rinkelt weer, harder dan de vorige keer. Tijd om naar boven te lopen om een sjaal om mijn haar te doen heb ik niet. Misschien loopt de beller een rondje om het huis, schiet het door mijn hoofd. Dat doen Friezen, die lopen rustig achterom om te voelen of de achterdeur open is.

Ik ga snel naar binnen. Terwijl ik me buk zie ik door het keukenraam dat het een vriendin uit het dorp is. Ze loopt om het huis en gluurt door het huiskamerraam naar binnen. O God, zo meteen loopt ze langs het keukenraam. Ik kan niet naar onze slaapkamer rennen want dan moet ik door de huiskamer en ziet ze me misschien. Ik hol de gang door en klim de trap op naar de zolder.

Op de warme zolderverdieping laat ik me op het logeerbed onder het rieten dak vallen. Hier ben ik veilig, geen ramen, hier vindt niemand me. Het lijkt wel of ik verstoppertje aan het spelen ben. Van de gedachte dat iemand me zo vindt, raak ik in paniek. En van het idee dat iemand mijn half kale hoofd ziet, raak ik zo overstuur dat ik zachtjes begin te huilen.

Ik blijf minstens tien minuten liggen om er zeker van te zijn dat het gevaar is geweken.

Als ik voorzichtig de tuin in loop, zie ik dat mijn telefoon nog op het tafeltje naast het ligbed ligt. Er is één berichtje binnengekomen. 'Lieve Bar, ik kwam even bij je langs om een bakkie te doen want ik heb je zo lang niet gezien! Maar misschien ben je varen met dit mooie weer. Hopelijk tot snel! X.'

Gezinsman

Kees is een kind van twee ouders die in de horeca werken en dat vergt een hoop organisatie. Laura werkt vier dagen van tien uur 's ochtends tot middernacht, en Lukas werkt parttime, hij draait een dagdienst en twee avonddiensten. De oma's springen bij want Kees gaat pas naar de crèche als ze een jaar is, zo hebben de ouders besloten.

Mijn vaste dienst is dinsdag. Ik arriveer om vier uur om Lukas af te lossen en vertrek wanneer de eerste ouder thuis is, meestal tegen twaalven. Dit schema hanteren we al twee maanden, sinds Laura in augustus weer fulltime aan het werk is gegaan. Elke dinsdagmiddag los ik mijn schoonzoon af en maken we een praatje tijdens de overdracht. Dat gaat volgens een vast patroon: Lukas staat bij het aanrecht om een kopje espresso te zetten met hun peperdure Italiaanse koffiemachine. Ik zit aan de eettafel met Kees in mijn armen. Lukas praat mij bij over het aantal flesjes, slaapjes en poepluiers.

Deze dinsdag verloopt ons gesprek anders. Als ik vraag hoe het gaat, begint hij niet over poepluiers maar zegt hij dat het hem zwaar valt, zo'n baby. Aangezien ik Kees tot nu toe de gemakkelijkste baby van het oostelijk halfrond vind, vraag ik verbaasd wat hij bedoelt.

'Nou gewoon, het dwingende ritme van zo'n baby,' antwoordt Lukas, met een vermoeid gezicht. 'Je kunt nergens spontaan meer naartoe, je bent opeens je vrijheid kwijt.'

Hoewel ik het nogal een simpele voorstelling van zaken vind, zeg ik vriendelijk: 'Ik kan me voorstellen dat je sommige dingen lastig vindt, je eerste kind is echt een *life changing event*. Maar ik beloof je dat het went.'

'Ik vraag me af of ik wel geschikt ben voor het gezinsleven.'

'Schat, jullie hebben net vier maanden een baby. Hier is nog geen sprake van "een gezinsleven", hier is sprake van heel erg wennen aan een klein machteloos wezentje waar je verantwoordelijk voor bent en dat je van je vrijheid berooft.'

'Ja, maar alles ligt nu zo vast: dan en dan eten, dan en dan slapen, ik weet niet of ik daar tegen kan.'

Ik begin me nu te ergeren, maar probeer het niet te laten merken: 'Het is heel normaal dat het je benauwt. Dat hebben de meeste jonge vaders, helemaal omdat veel mannen niet meteen zo'n band met de baby voelen. Maar als Kees straks twee jaar is en jij met haar door Artis loopt, weet ik zeker dat je gewend bent aan het hebben van een kind, inclusief verantwoordelijkheden.'

Ik zie aan zijn gezicht dat ik zijn zorgen niet heb weggenomen en ik kijk naar zijn lange haar. Toen hij acht jaar geleden in ons gezin kwam, had hij kort haar. Terwijl dat van mij begon uit te vallen, werd het zijne steeds langer. Ik heb Laura weleens gevraagd wat ze ervan vond, maar het kan haar geloof ik niks schelen. Sommige mensen duiden Laura en Lukas als hipsters, dus ik ga er maar van uit dat zijn lange haar hip is. Soms heeft hij het in een knotje achter op zijn hoofd, dat vind ik dan wel weer leuk.

'Ik moet gaan,' zegt Lukas waardoor ik opschrik uit mijn gedachten.

'Heb je wel zin in je werk?' vraag ik terwijl hij zijn jas aantrekt.

'Zeker!' antwoordt hij enthousiast. 'Werk voelt nu als vrij zijn.'

Gebruiksaanwijzing

Mijn haarwerk is er. Hilde Kloosterman vraagt wanneer ik het kan komen ophalen. Ik bel onmiddellijk mijn vriendin Deborah, die heeft aangeboden om mee te gaan naar Brielle, en ik hoor haar juichen door de telefoon: 'Wat geweldig, eindelijk! Ik veeg mijn agenda leeg, zeg jij maar wanneer je wilt gaan.'

Twee dagen later staan we in Badhotel Rockanje. De receptionist legt uit dat bar en restaurant gesloten zijn; we kunnen bij de receptie eten en drinken bestellen en mogen dat op de kamer nuttigen. Inmiddels is er na de tamelijk zorgeloze zomer weer sprake van een nieuwe coronagolf en is de horeca weer gesloten. We bestellen meteen twee glazen wijn en een borrelplank en lopen even later met een dienblad door de smalle gang naar onze kamer.

Als we ons aan het kleine tafeltje hebben geïnstalleerd, zegt Deborah: 'Zo, nu kun je je bandana wel af doen.' Ik wist dat dat moment zou komen en toch schrik ik ervan.

'Toe maar, Bar,' zegt ze meelevend, 'ik ben heus wel wat gewend.' Ik trek het sjaaltje langzaam van mijn hoofd, terwijl Deborah opstaat en achter me komt staan. Ze woelt met haar handen door het haar dat ik nog heb.

'Ach schat toch, wat is het toch vreselijk naar voor je.' Ik merk dat ze de kale plekken aan het inventariseren is.

'Hoeveel plekken zijn het eigenlijk?' vraag ik schoorvoetend. De laatste weken heb ik het zelf niet meer bestudeerd omdat ik er zo naar van word.

'Vier heel grote, en nog een paar kleinere. Daartussen groeit nog wat haar, en aan de onderkant groeit nog best veel haar.' Ze pakt een klemmetje uit haar eigen haar en probeert mijn haar aan de onderkant boven op mijn hoofd vast te zetten. Dat heb ik zelf natuurlijk ook al heel vaak gedaan, maar je ziet de kale plekken erdoorheen. Deborah vraagt of ik erover heb nagedacht om m'n hoofd helemaal kaal te scheren als ik het haarwerk heb.

'Ja,' zeg ik, 'maar dat durf ik niet. Dat kan altijd later nog.'

Die nacht liggen we naast elkaar in het kleine tweepersoonsbed te draaien, we kunnen de slaap niet vatten. Zij omdat we te veel wijn hebben gedronken, ik omdat ik me weliswaar verheug op het haarwerk, maar er ook als een berg tegen opzie.

De volgende ochtend begroet Hilde ons in de deuropening van haar winkel in de Voorstraat. Ze heeft haar eigen haarwerk opgestoken en draagt een wit mondkapje. Als we binnen staan zegt Hilde dat ik mijn mondkapje wel af mag doen, ik kan in de kappersstoel voor de grote spiegel plaatsnemen. Deborah houdt haar mondkapje op en gaat aan de grote tafel zitten waarop alle hoofden met haarwerken uitgestald staan.

Als we allebei een kopje koffie hebben gekregen, zegt Hilde dat 'nu het grote moment is aangebroken'. Ze verdwijnt naar achteren en komt terug met een haarwerk waar ze haar hand in heeft gestopt als was het een buikspreekpop.

'Kijk eens wat een mooie kleur!' roept ze vrolijk. Het haarwerk is blond, precies mijn eigen kleur, met een donkere uitgroei, het ziet er heel natuurlijk uit. Hilde legt het haarwerk even op de tafel en kamt mijn slierten haar in een laag staartje waar ze een klein elastiekje om doet. Een kinderelastiekje, groter is niet nodig voor mijn flinterdunne paardenstaartje. Dan pakt ze een flesje dat lijkt op een deodorantroller waarmee ze over mijn voorhoofd rolt.

'Dit is huidlijm,' legt ze uit. 'Daarmee maak je altijd een streepje op je voorhoofd zodat het haarwerk blijft zitten. Aan de onderkant van het haarwerk, aan de binnenkant van het mutsje van gaas waaraan het haar is vastgeknoopt, zit een klein kammetje dat ik over het staartje trek zodat het daar echt goed vastzit.'

Vervolgens rolt ze in één beweging het haarwerk van voor naar achter over mijn hoofd. Ik kijk verbijsterd in de spiegel naar mijn enorme bos haar. Het lijkt op wat ik had, het is alleen veel meer haar, of verbeeld ik me dat omdat ik het niet meer gewend ben? Het is ook een ander model, de zijkanten zijn even lang en het valt als een gordijntje aan weerskanten van mijn gezicht. Hilde woelt wat met haar handen door het haar en trekt nog wat aan de randen van het mutsje zodat het goed op zijn plek zit.

'Ik ga het nog knippen hoor, maak je geen zorgen.' Ze vraagt of ze nog even de foto's mag zien van voor de alopecia en ik zoek in mijn telefoon naar het album 'haar'. Daar vind ik de collage van de foto's uit het tijdperk dat ik nog onbezorgd met mijn lange blonde haren door het leven fladderde. Hilde werpt er een snelle blik op: 'O ja, nou weet ik het weer.' Vervolgens pakt ze een schaar en een kam. Ik vraag haar of ze dat niet eng vindt, knippen in een haarwerk van vierenhalf duizend euro. 'Ik heb het vaker gedaan,' glimlacht ze, en zonder aarzelen zet ze de schaar in de lange lokken.

Na een half uur zegt ze dat ze de spiegel zal pakken zodat ik de achterkant ook kan zien. Deborah, die al die tijd stilletjes een glossy tijdschrift las, roept: 'Ooo Bar, wat prachtig! Niet van echt te onderscheiden!' Ik zie zelf wel degelijk verschillen, maar moet toegeven dat het mooi haar is. Dik en glanzend en het valt heel natuurlijk op mijn schouders. Ook de achterkant ziet er in de grote ronde spiegel die Hilde boven mijn hoofd houdt goed uit. Ik beweeg mijn hoofd naar links en naar rechts en het haar waaiert als in een shampooreclame rond mijn gezicht. Ik begin wat wilder met mijn hoofd te zwaaien om te voelen of het goed vastzit en merk dat ik me daar geen zorgen om hoef te maken, het mutsje knelt om mijn schedel.

'Blijft dat zo strak zitten?'

‘Nee hoor, het wordt losser naarmate je het langer draagt, maar het is ook een kwestie van wennen. Het is net als met een bril, die voel je in het begin ook zitten maar na een tijdje merk je er niets meer van.’

Hilde stelt voor aan tafel te gaan zitten zodat ze kan uitleggen hoe ik ermee om moet gaan. ‘Het is goed dat je vriendin meeluistert want het is veel informatie en als je later iets vergeten bent, herinnert zij het zich misschien nog.’

Als we een nieuw kopje koffie hebben gekregen, steekt ze van wal. ‘Wat niet goed is voor een haarwerk: water en wind. Je kunt er niet mee zwemmen, bij voorkeur niet mee in de wind lopen en je mag het ook niet föhnen.’ Van niet zwemmen schrik ik, want ik houd erg van in het water duiken als we op de boot zijn.

‘Dat snap ik,’ zegt Hilde, ‘ik houd daar ook van, maar als wij gaan varen doe ik mijn oude haarwerk op en daarmee spring ik in het water.’ Oúde haarwerk? denk ik. Ik geef zo meteen meer dan vierduizend euro uit voor een nieuw haarwerk.

‘Ik zeg altijd tegen nieuwe klanten dat ze vanaf het eerste haarwerk moeten gaan sparen voor een tweede. Dit haarwerk blijft zo’n drie à vier jaar goed en dan kun je het beste weer een nieuwe bestellen. Vanaf dat moment heb je een oud haarwerk waarmee je kunt zwemmen.’ Spontaan in het water plonzen kan dus pas weer over vier jaar.

‘En sporten?’

‘Sporten kan, maar het hangt ervan af hoeveel je zweet. Als je heel veel transpireert, kan het haarwerk je benauwen en de lijm kan ook loslaten.’ Ik zweet als een otter, maar dat zeg ik niet.

‘Wassen is eigenlijk nog het meeste gedoe,’ gaat Hilde verder. Het haarwerk moet eens in de twee à drie weken gewassen worden en daarna aan de lucht drogen want je mag het niet föhnen. Zelf wast Hilde het altijd ’s avonds om zes uur, op een avond waarop ze geen verplichtingen heeft, dan is het de volgende ochtend als ze opstaat droog.

‘Het wassen zelf is een ritueel. Je legt het haarwerk als een soort vossenstaart heel voorzichtig in lauwwarm water met speciale shampoo, en daar laat je het vijftien minuten in liggen. Daarna pak je het haarwerk heel voorzichtig op en spoel je het uit onder de kraan. Met een handdoek dep je het droog en vervolgens kneed je er conditioner in. Daarna laat je het weer vijftien minuten liggen om het vervolgens weer heel behoedzaam met lauwwarm water uit te spoelen. Tot slot wikkel je het in een handdoek om te drogen en vervolgens kam je het op een hoofd of standaard uit en laat je het drogen. Het moet allemaal consciëntieus gebeuren, want hoe voorzichtiger je met het haarwerk omgaat, hoe langer je ermee kunt doen.’ Voor iemand die gewend is maximaal drie minuten te douchen en en passant even het haar te wassen, is dit een heel nieuwe werkelijkheid.

‘En de volgende ochtend,’ gaat Hilde verder, ‘moet je minstens een half uur eerder opstaan want dan moet het haarwerk gestyled worden.’ Gestyled? Dat heb ik van mijn leven nog nooit gedaan.

‘Ja, met een elektrische stijltang want het haarwerk is heel steil als het gewassen en gedroogd is. Daar moet je echt de tijd voor nemen, streng voor streng, plukje voor plukje. In het begin kost dat heel veel tijd, maar daar krijg je handigheid in.’

Dan staat Hilde op en loopt naar de kleine toonbank om de factuur te maken: ‘Het haarwerk kost €4.292,96, je krijgt van je verzekering €452,00 vergoed.’

Ik zeg: ‘Druppel op een gloeiende plaat.’

Waarop Hilde antwoordt: ‘Je had er ook eentje van synthetisch haar kunnen kopen, die heb je al vanaf vierhonderd euro, maar de kwaliteit daarvan is niet te vergelijken met dit haarwerk.’

Dan vraagt ze of ik ook een haarwerkborstel wil, en speciale shampoo, conditioner en een lijmroller voor mijn voorhoofd. Natuurlijk wil ik die producten, ik zal wel moeten. Ik geloof niet dat ik ooit zo’n groot bedrag heb gepind. Gelukkig gaan we dit jaar niet op vakantie, denk ik als ik op akkoord druk.

Voordat we de zaak verlaten, kijk ik nog één keer kort in de spiegel naar mijn nieuwe hoofd. Hilde wenst me veel succes en drukt me nog een keer op het hart dat het echt zal wennen.

Als Deborah in de auto op de weg terug jubelt hoe mooi het haarwerk is, denk ik alleen maar: mijn leven als vrouw met een pruik is begonnen. Een nieuw leven met weliswaar mijn oude vertrouwde uiterlijk, maar ik ben voortaan een vrouw met een geheim en een gebruiksaanwijzing.

Luizen

Zittend op een kabouterstoeltje met een plastic bekertje filterkoffie in mijn hand, hoorde ik juf Ria vragen: 'Zijn er vaders of moeders die zich op willen geven als luizenouder?' Gelukkig staken drie vrouwen hun hand op.

'Het is weer raak,' vervolgde de juf, 'een aantal kinderen heeft luizen en het grijpt als wildvuur om zich heen. De moeders die net hun vinger op hebben gestoken zullen het in de klas controleren, maar ik zou álle ouders willen vragen hun kind dagelijks te kammen. Er zijn ook zakken in de maak, die we aan de kapstok hangen waar uw kind zijn jas, muts en sjaal in kan doen. Dit probleem moet u echt serieus nemen, kinderen met luizen moeten thuisblijven.'

Daarna volgde nog een hele ouderavond: evaluatie van het schoolreisje, de Sinterklaasversieravond, waar ik me voor opgaf, en er ontstond een vermoeiende discussie over het toestaan van zoetigheid bij traktaties.

Drie weken later zag ik Laura tijdens het avondeten op haar hoofd krabben. O God, de luizen, ik was totaal vergeten de kinderen te controleren. Na het eten dirigeerde ik de drie dochters naar boven. Ik begon met Laura, die ik gebukt met haar hoofd boven de wasbak zette. Ik kamde door haar haar met een fijne kam, een luizenkam had ik niet, en zag het op haar hoofdhuid krioelen. Hier was geen beginnen aan. Ik vroeg Milou naar de wasbak te komen en zich voorover te buigen. Ook op haar schedel wemelde het van de beestjes. Het was geen verrassing toen ik even later hetzelfde beeld bij Ruby aantrof.

De volgende ochtend mochten ze tot hun grote vreugde thuisblijven terwijl ik me naar de Etos spoedde. Ik vroeg aan de juffrouw achter de toonbank om een paardenmiddel. Ze adviseerde Prioderm-lotion in combinatie met een luizenkam. Ze legde uit dat je de lotion eerst heel goed in het haar moest masseren, waarna het een kwartiertje moest intrekken waardoor de luizen doodgingen. Daarna diende je met de luizenkam de overleden luizen uit het haar te kammen. En niet te vergeten de neten, want als je die liet zitten, waren de luizen in no-time terug.

Eenmaal thuis behandelde ik de drie hoofden van mijn dochters. Ze vonden de lotion stinken en piepten dat het prikte in hun ogen. 'Niet zeuren! Luizen gaan niet van limonade dood,' zei ik streng.

Toen ik de kinderen de volgende dag op school afleverde, en doorfietste naar de redactie, stelde ik voldaan vast dat ik dit varkentje adequaat gewassen had. Maar daarin had ik me vergist. Dit bleek slechts het begin van een jarenlang gevecht tegen luizen waarbij ook Thomas en ik niet werden gespaard. Ik gaf honderden euro's uit aan luizenkammetjes en Prioderm. Als het weer eens uit de hand was gelopen, sliepen we alle vijf met plastic badmutsen op om de lotion niet een kwartier maar de hele nacht te laten inwerken. Na elke behandeling waste ik al het beddengoed, en alle jassen, mutsen en sjaals. Ruby kwam eens huilend thuis omdat ze na vijf minuten door de kapper was weggestuurd omdat deze luizen had ontdekt: 'Mam, ik schaamde me dood!' Telkens als we dachten dat we de vijand hadden verslagen, dook-ie na verloop van tijd weer op om zich met zijn steeksnuit tegoed te doen aan het bloed uit onze hoofdhuid.

Ik vroeg de kapper of het kwam door ons dikke haar, bereid om ons en groupe te laten kortwieken – zelfs ik. Of was ons haar misschien te vies of te schoon? Maar de kapper verzekerde ons dat luizen zich niets aantrekken van de dikte van het haar of de hygiëne van hun gastheer.

Acht jaar lang is ons gezin geterroriseerd door het ongedierte, een strijd die zou duren tot de jongste dochter de basisschool verliet. Ook in de jaren daarna had ik nog regelmatig last van jeuk op mijn hoofd, maar dat was fantoomjeuk.

Het zwarte hoofd

De pruikenstandaard die ik bij het haarwerk heb gekregen, valt steeds om. Echt een bespottelijk goedkoop prutsding bij een aanschaf van meer van vierduizend euro. Ik googel op pruikenhoofden en er blijkt een keur aan mogelijkheden te bestaan: piepschuim, hout, zacht rubber, fluweel en hard plastic. Wit, zwart, maar ook blauw, rood of paars. Je kunt ook kiezen voor een hoofd met een gezicht. Er zijn gezichten met lange wimpers en rode lippen, maar daar moet ik niet aan denken. Ik kies een zwart hoofd, met een lange hals en alleen de vorm van een neus, verder niks. Mooi ontwerp, zou ook een beeld van een mannequin kunnen zijn. Kost nog geen vijfentwintig euro.

De volgende dag wordt het zwarte hoofd al bezorgd. Waar zal ik het neerzetten? Niet in de slaapkamer, daar staat ook mijn bureau en ik wil er niet de hele tijd mee geconfronteerd worden. Ook niet op het tafeltje op de overloop. In de logeerkamer? Nee, stel je voor dat logés het per ongeluk zien. Op de planchette in de badkamer past-ie niet. Thomas vraagt wat ik aan het doen ben.

'Een plek aan het zoeken voor deze rotkop. Die moet ergens staan waar niemand 'm ziet, ook ik niet.'

Thomas zegt dat hij in de stofzuigerkast met schoonmaakmiddelen en schoenpoets wel een speciaal plankje kan maken. 'Niemand die ooit in die kast komt.'

Goed idee. Een uur later hangt er een vierkant plankje op ooghoogte in de kast, precies groot genoeg.

Ik douch nu met een douchemuts omdat de haren die ik heb niet nat onder mijn haarwerk mogen. Na het douchen maak ik onderaan mijn achterhoofd een piepklein staartje van de slierten haar die ik nog heb. Daarna rol ik met de lijmroller een streep lijm op mijn voorhoofd. Dan pak ik het haarwerk van de zwarte kop uit de kast en borstel het haar met de speciale borstel. Ik kan het haarwerk alleen maar zittend opzetten, dus ik ga op de dichte wc-bril zitten. Vervolgens buig ik naar voren en pak het haarwerk achterstevoren in mijn handen. In één beweging plaats ik de voorkant op mijn voorhoofd en trek het over mijn schedel heen totdat het kammetje aan de binnenkant van het mutsje achter mijn staartje haakt. Dan trek ik het boven mijn beide oren even recht en sta ik op om in de spiegel te kijken of het goed zit.

Het spiegelbeeld is vertrouwd, het blonde haar valt mooi en natuurlijk op mijn schouders. Ik voel het haarwerk licht knellen. Maar ik kan de wereld in, en ik kan de wereld weer aan.

Dansen in de huiskamer

Met gevaar voor eigen leven probeer ik een selfie te maken terwijl ik achter het stuur zit. Ik zie er fantastisch uit, heb me in tijden niet zo goed gevoeld. Hoewel ik nog niet helemaal gewend ben aan het dragen van het haarwerk, is mijn gemoed flink opgeklaard.

Met mijn blik half op de weg kijk ik steeds even lachend naar mijn telefoon terwijl ik snel een foto maak. Dit doe ik wel tien keer achter elkaar om er zeker van te zijn dat er een goede bij zit.

Als ik de auto voor het station in Heerenveen parkeer, zie ik op de grote stationsklok dat ik nog tien minuten heb voordat de trein aankomt. Ik scrol snel door de foto's en zoek de beste uit. Mijn haar zit echt geweldig, mijn enige zorg is dat iemand ziet dat het nep is. Mocht iemand opmerken dat mijn haar anders zit, dan zeg ik gewoon dat ik naar een andere kapper ben geweest.

Ik zet de foto op Instagram met de tekst: 'Naar station Heerenveen om een paar leuke mensen op te halen voor een feestelijk weekend!' Onmiddellijk krijg ik reacties: wow, wat zie jij er goed uit en veel emojis met hartjes. Ik voel een grote opluchting dat niemand iets specifieks over mijn haar zegt.

Als ik op het perron sta, zie ik in de verte achter de poortjes jongste dochter uit de trein stappen. Naast haar loopt mijn vriendin Maartje, achter haar slenteren haar vriend en oudste dochter. We lopen elkaar tegemoet en als zij door de poortjes zijn roepen ze in koor hoe goed ik eruitzie. 'Echt mooi mam, je ziet er niks van!' Sssst, denk ik. We omhelzen elkaar uitbundig, de corona-regels hardnekkig negerend. Terwijl Maartje haar arm om mijn achterhoofd slaat, sis ik: 'Pas op! Je trekt mijn haarwerk zo naar beneden.'

'O sorry,' zegt ze en trekt haar arm meteen weg.

We beginnen met champagne want ik heb wat te vieren tenslotte. De bubbels gaan erin als Gods woord in een ouderling en schoonzoon Seb is al bezig met het ontkurken van de tweede fles als de glazen nog niet eens leeg zijn. De dochters herhalen keer op keer dat mijn haar zo 'echt' lijkt en dat het zo mooi zit. Ik ben nog nooit zo blij geweest met complimentjes over mijn haar als nu. Ik ben opgelucht en uitbundig, ik voel aan alles dat ik vanavond veel ga drinken. Ik heb er zin in.

Tijdens het eten vertel ik honderduit over mijn bezoek met Deborah aan Brielle. Ik leg nauwgezet uit hoe ik het haarwerk moet wassen en stylen. Ze luisteren geduldig en zeggen dat ze het zo fijn voor me vinden dat ik me bevrijd voel. Jongste dochter vraagt of ik nog naar die dermatoloog ga die aan mijn auto-immuunsysteem wil rammelen, waarop ik antwoord dat ik dat pas kan doen als ik gevaccineerd ben.

'En dan moeten we het er tegen die tijd nog maar eens over hebben,' onderbreekt Thomas, 'want ik ben daar absoluut geen voorstander van.'

'Nee mam,' zegt oudste dochter, 'ik vind dat ook eng klinken. Je gaat je gezondheid toch niet in de waag stellen? Bovendien zie je er nu fantastisch uit.'

Ik hoor wat ze zeggen, en diep in mijn hart ben ik het met hen eens. Maar ik moet er niet aan denken om de rest van mijn leven een haarwerk te dragen.

Negen flessen wijn later zet jongste dochter ABBA op. Bij het horen van de begintune van 'Dancing Queen' spring ik op en loop om de eettafel heen naar het stuk huiskamer dat altijd dienstdoet als dansvloer. Maartje en de dochters volgen. We dansen aangeschoten en uitbundig op nummers als 'Happy', 'Sunny', 'You and Me' en 'It's Raining Men'. Onze armen en benen vliegen alle kanten op, we schreeuwzingen de refreinen mee. Opeens vliegt jongste dochter mij om de nek. Terwijl ze haar rechterarm om mijn hals slaat, glijdt het haarwerk naar achteren en valt op de grond. Ik gris het zo snel mogelijk van de vloer en ren naar boven.

In de badkamerspiegel zie ik wat zij hebben gezien. Slierten zweterig haar op mijn hoofd geplakt, de kale plekken als gapende gaten ertussen. Ik smijt de pruik in de hoek van de badkamer en loop naar de slaapkamer. Ik gooi de deur achter me dicht en draai 'm meteen op slot.

Een halve minuut later hoor ik geklop. De stem van Maartje: 'Lieverd, kom je weer beneden? Het is net zo gezellig.' Ik zeg dat ik ga slapen.

'Ah toe nou, er is toch niks aan de hand? We zijn toch onder elkaar?'

Ja, denk ik, nu zijn we onder elkaar. De volgende keer gebeurt het op een bruiloft, of nog erger, op het Boekenbal. Ik zeg tegen Maartje dat er niks aan de hand is maar dat ik toch in bed blijf liggen.

Als Thomas even later op de deur klopt, doe ik wel open. Hij kijkt meewarig naar mijn betraande gezicht. We zitten samen op de rand van ons bed.

'Ik voel me zo verminkt,' jammer ik, 'ik voel me helemaal geen vrouw meer.'

Hij is even stil en zegt dan: 'Ik voel me verminkt omdat ik Viagra moet slikken. Dat tast mijn mannelijkheid ook aan.' Dat heeft hij nog nooit tegen mij gezegd, althans niet op deze manier. Ik vind hem opeens heel kwetsbaar, net zo kwetsbaar als ikzelf.

'Jouw haarwerk is mijn Viagra,' zegt hij dan. 'We hebben wat hulpmiddelen nodig, maar daarmee komen we toch een heel eind.' Ik lach door mijn tranen heen. 'Ga jij maar lekker slapen, ik houd de jongelui nog even in de gaten en dan doe ik de lichten uit.'

Lockdown II

De laatste weken ben ik zo in beslag genomen door mijn haarwerk dat ik het nieuws nauwelijks heb gevolgd. Ik wist wel dat het coronavirus zich na de zomer volop verspreidde, maar ik was niet echt voorbereid op de persconferentie van 13 oktober. Rutte vertelt dat de ziekenhuizen eind november driekwart van de ziekenhuisopnames moeten afzeggen als de besmettingscijfers in het huidige tempo blijven stijgen. 'Uitgestelde zorg leidt tot enorm veel gezondheidsschade, die les hebben we in het voorjaar geleerd.'

Na veel omhaal van woorden over gezondheidszorg, eenzaamheid en saamhorigheid worden de nieuwe maatregelen afgekondigd. Dit keer spreekt onze minister-president niet over een intelligente lockdown maar over een gedeeltelijke lockdown. Waarschijnlijk omdat de scholen vooralsnog open kunnen blijven. Thuis mag je maximaal drie personen ontvangen, buitenshuis mag de groepsgrootte maximaal vier personen zijn, en in publieke ruimtes, het openbaar vervoer en het voortgezet onderwijs moet iedereen een mondkapje dragen.

Het interesseert me allemaal matig, totdat er gezegd wordt dat de horeca weer dicht moet. Voor mezelf maakt het niks uit, maar ik denk meteen aan Laura en Lukas. Voornamelijk aan Laura want zij draagt verantwoordelijkheid voor 125 man personeel. Lukas zal als ober in vaste dienst wel doorbetaald krijgen. De maatregelen gaan morgen al in.

Ik app Laura, die op haar werk is: o o o o o wat een drama die coronamaatregelen! Ze reageert meteen: verschrikkelijk! Ik vraag of ze de volgende dag nog gaat werken, en ze antwoordt dat ze naar het restaurant gaat om alles af te sluiten; koelingen en vriezers uit, bierleidingen stilleggen, krantenabonnementen stopzetten en al het eten dat vers is weggeven. Ik stel voor dat ze met Lukas en Kees naar Friesland komt, en daar heeft ze wel oren naar. Niet aanstaand weekend want dan hebben ze al plannen, maar het weekend daarna.

Op die zaterdagochtend hoor ik een auto. Aangezien we geen buren hebben en in een doodlopende straat wonen, moeten het Laura en Lukas wel zijn. Ik loop naar buiten en als ik het hek openmaak, zie ik ze de bocht omkomen in hun oude mintgroene Fiat. Als ik begin te zwaaien, zie ik dat Laura achter het stuur zit, de bijrijdersplek is leeg.

'Hi mam!' Alsof er niets aan de hand is stapt ze uit de auto en doet het achterportier open om de Maxi-Cosi te pakken, die ik meteen van haar overneem. 'Dag lief Keesekindje, wat ben je alweer groot.' Ik heb haar vorige week toen ik oppaste in Amsterdam nog gezien, maar ze lijkt alweer gegroeid. Mijn vier maanden oude kleindochter lacht voluit terug.

'Waar is Lukas?' vraag ik.

'Hij kwam vanochtend om zeven uur thuis, terwijl hij wist dat we om acht uur zouden vertrekken. Toen ik zei dat ik wel alleen met Kees zou gaan, is hij in bed gaan liggen. Hij viel meteen in coma.'

Als we even later met een kopje koffie aan de keukentafel zitten, vraag ik waar Lukas was, de horeca is immers gesloten. Hij blijkt te zijn gaan eten bij zijn beste vriend Bob en daarna zijn ze met andere vrienden gaan pokeren.

'Tot zeven uur 's ochtends? Is dat niet een beetje raar?'

'Nee, dat is op zich prima, maar ik vind het wel vervelend dat hij dat deed terwijl hij wist dat we naar Friesland zouden gaan.'

Ik vertel voorzichtig over het gesprek dat ik laatst met hem had. Laura lijkt er niet van op te kijken: 'Hij zit de laatste tijd niet zo lekker in zijn vel, het loopt niet op rolletjes tussen ons. Ik weet niet goed waar het aan ligt, want Kees is de makkelijkste baby ooit en wij zijn allebei dol op haar.' Bedroefd gaat ze verder: 'De aankondiging van de nieuwe lockdown heeft er wel erg in gehakt bij hem, hij vindt het heel fijn om te werken.'

Ik zeg wat ik ook tegen Lukas heb gezegd, dat sommige mannen erg moeten wennen aan het vaderschap. Misschien is het wel goed dat zij even een paar dagen alleen met Kees weg is, dan kan hij even tot rust komen. Als ze dinsdag thuiskomen, zal vast blijken hoe erg hij hen gemist heeft. Het komt wel goed.

'Ja,' zegt ze, 'natuurlijk komt het goed. We houden ontzettend veel van elkaar.'

Lotgenoot

Ik heb hoofdpijn, en dat is nieuw, ik heb nooit in mijn leven last van hoofdpijn gehad. Het komt door het haarwerk, het zit strak om mijn schedel. Als ik het 's avonds afzet voelt het alsof ik een knellende bh uittrek, een enorme bevrijding.

Hilde had gezegd dat het zou wennen, net als een bril, maar ik draag het nu twee weken en het went niet. Als ik Hilde bel om te vragen of het misschien te klein is, vraagt ze hoeveel uur per dag ik het haarwerk draag. Ik antwoord dat ik het meteen na het opstaan opzet en pas afzet als ik naar bed ga. 'Maar lieverd,' zegt ze, 'dat is ook veel te lang achter elkaar!'

Ze adviseert me om het de eerste weken niet meer dan een paar keer per dag een paar uur te dragen. Dat is een onmogelijke opgave. Ik vind het al een toestand om dat ding op te zetten en moet er niet aan denken dat ik dat drie keer per dag zou moeten doen. En dan zeker tussentijds weer petjes en sjaaltjes dragen, *no way*. Hilde stelt voor dat ik dan in ieder geval 's avonds thuis zonder haarwerk op de bank zit. 'Je schaamt je toch niet voor je eigen man?' Nee, natuurlijk niet. Maar er bestaat ook nog zoiets als onverwacht bezoek, en los daarvan, ik voel me minder kwetsbaar als ik het haarwerk draag.

'Wacht, ik heb een idee,' zegt Hilde, 'ik heb een klant van jouw leeftijd, begin vijftig. Een knappe, intelligente vrouw, ze is jurist. Heeft al tien jaar alopecia, en alle stadia doorstaan. Zij heeft exact hetzelfde haarwerk als jij. Zal ik vragen of jij haar mag bellen?

Volgens mij is het goed als jij eens met iemand gaat praten die hetzelfde heeft meegemaakt, een lotgenoot.' Ze stuurt me even later het visitekaartje van Monique.

De volgende dag stuur ik haar een bericht: Ik kreeg je nummer van Hilde Kloosterman. Twee weken geleden heb ik van haar een haarwerk gekregen omdat ik aan alopecia lijd. Ik zit midden in een aangrijpend proces en Hilde vertelde dat jij al wat verder bent. Zou ik je mogen bellen om van jou te horen hoe het jou vergaan is? Misschien heb je wel wat tips voor mij. Hartelijks, Barbara van Beukering. Een paar uur later reageert ze: Hoi Barbara, ik begrijp volkomen dat het aangrijpend is. Ik ben inderdaad tien jaar verder en dan is het echt minder intens. Je mag me zeker bellen, ook 's avonds of in het weekend. Tot gauw! Monique.

'Hoi Barbara, met Monique.' Ze had mijn nummer kennelijk al opgeslagen. Als ik vraag of ik stoor zegt ze vriendelijk dat ze thuis aan het werk is, en alle tijd heeft.

'Hoe is het bij jou begonnen?' is mijn eerste vraag.

Monique vertelt dat het tien jaar geleden bij haar is begonnen met een kaal plekje, net als bij mij. In eerste instantie schonk ze er geen aandacht aan, maar toen er nog twee plekken bij kwamen, ging ze naar een dermatoloog. Dat het alopecia was, was meteen duidelijk. De dermatoloog heeft nog van alles geprobeerd; prikjes in haar hoofdhuid, smeersels, lotions, pilletjes, kuren, niets hielp, het haar bleef uitvallen: 'Binnen een half jaar was ik helemaal kaal, het was afschuwelijk.' Ik vraag of ze toen meteen een haarwerk kocht.

'Ja, maar ik ging in eerste instantie naar een willekeurige haarwerkspecialist in Arnhem, waar ik woon. Ten eerste waren het totaal geen aardige mensen, ze toonden geen enkel medeleven, en ten tweede kreeg ik geen goed haarwerk. Het was stukken goedkoper, dat wel, maar ook hier gaat het motto goedkoop is duurkoop op.' Ze zegt dat ze gewild had dat ze Hilde meteen had ontmoet, zoals ik, dat had haar een hoop ellende bespaard.

Ook Monique was niet snel gewend aan het haarwerk: 'Ik kreeg psychische problemen, ik vond het zo'n zwaar proces. Uiteindelijk belandde ik bij een psycholoog.' Als ik dat hoor, begin ik te huilen. Tot nu toe vond ik mezelf een aansteller: mensen om me heen gaan dood, en ik heb alleen maar een haarziekte. Doordat Monique vertelt dat ze het zo zwaar had, voel ik mezelf opeens heel zielig.

'Huil maar even, dat is goed,' zegt Monique geduldig, 'het is echt niet niks waar je doorheen gaat.'

'Vertel, hoe ging het verder?' vraag ik met gebroken stem.

Monique vertelt dat ze jaren heeft aangemodderd, vooral omdat alopecia een heel grillige ziekte is. 'Een jaar nadat ik al mijn haar kwijt was, begon het weer te groeien. Ik geloof dat ik nog nooit zo gelukkig ben geweest. Het kwam niet honderd procent terug, maar zeventig procent, genoeg om zonder haarwerk door het leven te gaan. Ik moest wel een haarband dragen, maar ik was superblij. Na anderhalf jaar verschenen er weer kale plekken, en begon het proces van voor af aan. Ik werd opnieuw nagenoeg kaal, dus kwam het haarwerk weer uit de kast. Maar omdat het de vorige keer was teruggekomen, was al mijn hoop daarop gevestigd. En ja hoor, het begon na verloop van tijd weer te groeien. Nu kwam het niet voor zeventig procent terug, maar voor de helft. Ik kon opnieuw zonder haarwerk, maar moest de plekken verdoezelen met sjaaltjes. Dat heb ik een tijd gedaan, totdat er weer te veel haar uitviel en ik weer aan een haarwerk moest. Ik was totaal geobsedeerd geraakt door mijn haar en de hoop dat het weer zou gaan groeien. Uiteindelijk heb ik door de gesprekken met de psycholoog geleerd om het te accepteren en de hoop te laten varen. Hoop staat berusting in de weg, heb ik ontdekt.'

Grappig, denk ik, dat dat niet alleen voor het sterfbed geldt, maar ook voor een haarziekte.

Toen Monique eenmaal accepteerde dat ze haar hele leven een

haarwerk moest dragen, ging ze op zoek naar het beste haarwerk. Zo kwam ze vier jaar geleden bij Hilde in Brielle terecht. Ze vindt het ook heel fijn dat Hilde zelf ervaringsdeskundige is: 'Hilde is niet alleen een haarwerkspecialist, ze is ook lotgenoot en coach. Ik voelde me heel veilig bij haar.'

Ik beaam dat volmondig en zeg dat Hilde me verteld heeft dat wij hetzelfde haarwerk hebben, echt Europees haar van het merk Follea.

'Exact, die heb ik ook,' reageert Monique, 'ik zal je straks even een foto van mezelf appen, dan kun je het zien. Sinds ik dat haarwerk draag en het geaccepteerd heb, gaat het weer goed met mij.'

Ik vraag Monique of het knellende gevoel op mijn hoofd zal verdwijnen.

'Ja, daar wen je echt aan. Inmiddels is het een vanzelfsprekend onderdeel van mij geworden. Alleen als ik eraan denk, voel ik het. Maar als jij denkt aan je schoenen, voel je ze ook zitten. '

Zijn er dingen die ze niet meer kan doen sinds ze het haarwerk draagt, wil ik weten.

'Ik doe er alles mee, sporten, yoga, fietsen. Je moet alleen altijd oppassen dat het niet gaat regenen. Het enige wat ik niet meer doe is zeilen. De wind is funest.'

Op dat moment realiseer ik me dat ik de praktische consequenties eigenlijk wel ken, en ik vraag haar of mensen om haar heen weten dat ze een haarwerk draagt.

'Mijn familie natuurlijk. En hoewel ik het in het begin moeilijk vond om het aan mijn vrienden te vertellen, weten zij het inmiddels ook allemaal. Op mijn werk, ik werk op de rechtbank, weet niemand het.' Monique legt uit dat ze er niet over zal liegen als het ter sprake komt, maar dat ze het nooit uit zichzelf aan vreemden zal vertellen. Ik ben benieuwd of ze weleens betrapt is.

'In al die jaren precies één keer. Toevallig was dat op onze zeilboot. Ik droeg het haarwerk nog niet zo lang en mijn man wilde graag zeilen met vrienden. Het was redelijk windstil dus ik dacht dat het wel kon. Maar het woei harder dan verwacht en ik zorgde ervoor dat ik de wind van voren had zodat het haarwerk naar achter waaide. Onze vriendin zag de randen van het haarwerk bij mijn oren, en vroeg: "Hé, Monique, wat zie ik, draag jij een pruik?" Het liefst was ik ter plekke overboord gesprongen.'

Ik vertel Monique dat ik elke dag bang ben om betrapt te worden. Dat heeft zij ook lang gehad, maar omdat ze zich niet meer schaamt is dat voorbij. 'Als iemand ernaar zou vragen, zou ik het niet erg vinden. Maar dat is iets anders dan het aan de grote klok hangen.'

'Loop jij thuis kaal door het huis?'

'Nee nooit. Ik zet m'n haar af als ik naar bed ga, en zet het op als ik opsta. Mijn kinderen hebben me heus weleens kaal gezien als ik onder de douche vandaan kwam, daar schrikken ze niet van, maar ze zien mij verder nooit zo. Alleen mijn man, 's nachts, maar dan slaapt-ie over het algemeen,' lacht ze.

Als ik op mijn horloge kijk, zie ik dat we een uur hebben gebeld. Ik dank haar hartelijk voor het gesprek, zeg haar dat ik echt opgelucht ben, en vraag of ze nog een wijze raad heeft. 'Blijf niet te lang hopen dat het goed komt, dat heeft mij jaren gekost. Vertrouw erop dat het went. Het is niet leuk, het wordt nooit leuk, maar ik ben wel een gelukkig mens. Weer een gelukkig mens.'

Even later verschijnt er een foto op het beeldscherm van mijn telefoon. Monique ziet er goed uit, met mooi haar, je zou nooit vermoeden dat het nep is. Hoewel we hetzelfde haarwerk dragen, zit het bij haar heel anders. Zij heeft een scheiding in het midden en alles op één lengte, een soort langere bob.

Een week later app ik haar om te vragen hoe ze de avonden doorbrengt als ze het haarwerk wast en het de hele avond en nacht moet drogen. Zit ze dan blootshoofds op de bank?

Ze appt per omgaande terug: 'Ik kocht een half jaar na mijn eerste haarwerk bij Hilde een tweede. Als het één droogt, draag het ander. Ik wissel ze gewoon af. Het is een begrotelijke grap, maar wat mij betreft wel dubbel en dwars de investering waard.'

Terwijl ik 'dank!' intik, denk ik aan mijn bankrekening waar zeshonderd euro op staat. Voorlopig zal ik eens in de twee weken een avond vrijhouden om 's avonds met de gordijnen dicht met m'n kale kop televisie te kijken.

Klassenfoto 2005

Tien jaar lang hadden we een vast ochtendritueel. Ik stond als eerste op en sprong meteen onder de douche. Als ik eronder vandaan kwam, maakte ik in mijn ochtendjas Thomas en de drie dochters wakker. Terwijl ik me aankleedde en mijn haar föhnde, stopte Thomas de meisjes een voor een onder de douche. Wanneer ze eronder vandaan kwamen, kleedde ik ze aan en versierde hun haar met staartjes, vlechtjes, schuifjes en speldjes. Het kostte veel tijd, die drie kopjes, maar ik deed het vol overgave en liefde, altijd denkend aan de voor mij akelige periode met kort haar toen ik hun leeftijd had.

Toen ze niet meer wilden dat ik met hun haar zat te fröbelen en baas over eigen haar en kleding wilden zijn, lieten ze alle drie hun haar veel langer groeien. Meestal droegen ze het los en raakte het de onderkant van hun rug. Soms zetten ze de strengen haar aan de zijkant met een klem vast op hun achterhoofd, vaker zat het haar in een enorme knot boven op hun hoofd.

Ruby zat op het Barlaeus Gymnasium in Amsterdam. Er waren vijf eerste klassen met meer dan dertig leerlingen per klas. Het gymnasium was niet langer een school voor studiehoofden, maar een prestigeopleiding, vooral voor de ouders.

Op de klassenfoto van Ruby uit 2005 staan evenveel meisjes als jongens. Iedereen is knap, de kinderen hebben zonder uitzondering een mooie gave huid en een regelmatig gezicht. Niemand draagt een bril, deze kinderen kregen op hun twaalfde al contactlenzen. Ze hebben allemaal een recht en stralend wit gebit, en wie dat niet van nature had, heeft een beugel gedragen.

Wat opvalt is dat ze er allemaal hetzelfde uitzien. Er zitten geen alternatievelingen, punkers, hippies of studiebolletjes in de klas. Aan hun voeten dragen ze Uggs en Birkenstocks, en aan hun kleding te zien zijn de merken Woolrich en Abercrombie &Fitch populair. Alle, maar dan ook echt alle meisjes hebben lang haar. Van de meeste is het blond, een enkeling is donker en twee meisjes hebben weelderige krullen. Niemand met een pony. Hoe anders was dat vroeger in mijn klas – ik pak mijn eigen klassenfoto er nog even bij. De meisjes uit Ruby's klas komen allemaal uit dezelfde mal. Is lang haar nog onderdeel van je identiteit als *iedereen* lang haar heeft?

Twijfel

'Mam, hij is weg!' Laura huilt hartstochtelijk. Ze is dinsdagochtend met Kees vertrokken naar Amsterdam en had verwacht dat Lukas haar na vier dagen met open armen stond op te wachten. Bij thuiskomst had hij op de bank gelegen en was niet opgestaan om haar de trap op te helpen met de Maxi-Cosi en de logeertassen. Op haar vraag hoe het ging, had hij geantwoord dat hij zich heel somber voelde en aan alles twijfelde. Ze was stupéfait.

'Maar lieverd, Kees is nog maar vijf maanden, en we hebben misschien nog niet de goede routine te pakken. Als jij het zwaar vindt om overdag op haar te passen, kunnen we haar ook drie dagen naar de crèche laten gaan.'

Dat hoefde niet, had Lukas geantwoord, Kees is een makkelijke baby. Laura vroeg of het misschien aan haar lag, of hij nog wel van haar hield. Hij drukte haar op het hart dat hij ontzettend veel van haar hield, dat had er niks mee te maken. Ze huilt zo hevig dat ik steken in mijn hart voel: 'Hoe kan het nou dat hij twijfelt, we waren zo gelukkig!' Ik begrijp er ook niks van.

Laura vertelt dat ze Lukas vroeg of hij misschien een weekje naar zijn moeder wilde om in alle rust na te denken, en dat aanbod had hij dankbaar aanvaard. Binnen tien minuten was hij vertrokken. Hij ging alleen niet naar zijn moeder, maar naar zijn beste vriend Bob en liet Laura totaal verdwaasd met Kees achter.

Ik hoef niet naar haar toe te komen, Ruby en Milou zijn al onderweg, snikt ze. Ik zeg dat Lukas in de war moet zijn, het is niets voor hem om opeens weg te lopen en Laura hulpeloos achter te laten. Misschien moet hij even met iemand praten, een psycholoog of zo.

'Dat heb ik al geopperd, mam, maar daar wil hij niets van weten!'

'Wat heb je dan nu afgesproken?'

'Nou, dat hij een week nadenkt. Maar misschien heeft hij niet zo lang nodig en komt hij eerder dan volgende week dinsdag terug.'

Die nacht slaapt Ruby bij Laura in bed, en Milou op de bank. Ondanks het verdriet dat ik voor Laura voel, dank ik onze lieve heer dat ze twee zusjes heeft die nu bij haar zijn.

Precies een week later krijgt Laura een sms'je van Lukas: ik ben er nog niet uit, ik heb nog wat langer tijd nodig om na te denken. Terwijl Laura niet weet hoe ze de dagen door moet komen, laat staan de nachten, vraagt ze wanneer hij denkt te zijn uitgedacht. Hij komt vrijdag thuis, sms't hij.

Als Thomas en ik vrijdagochtend bij Laura komen om op Kees te passen zodat zij en Lukas rustig kunnen praten, oogt ze sterk en zelfverzekerd. Er zijn twee mogelijkheden, zegt ze. Of Lukas heeft goed nagedacht en is tot de conclusie gekomen dat hij gewoon weer thuis wil zijn. Of hij twijfelt nog steeds en dan moeten ze samen in relatietherapie om voor hun relatie en hun kind te vechten. En in beide gevallen komt het goed, redeneert Laura, want Lukas' plotselinge dwaling kan toch niet alles kapotmaken. Een jaar geleden besloten ze nog in volle overtuiging samen een kind te maken en waren ze het gelukkigste stel op aarde toen ze zwanger bleek te zijn.

Twee uur later, Thomas en ik staan met Kees in de wandelwagen op het Spui een haring te eten, komt er een berichtje van Laura: 'Het is goed, Lukas blijft thuis. Willen jullie Kees komen terugbrengen, dan gaan we even met z'n drietjes naar het strand.'

Wanneer ik even later met Kees op mijn arm hun huiskamer

binnenkom, ligt Lukas met betraand gezicht op de bank. Logisch, denk ik, ze hebben een emotioneel gesprek gehad. Tegelijkertijd knaagt het: hij zou toch blij, of tenminste opgelucht moeten zijn dat hij weer thuis is?

Later die middag stuurt Laura een foto vanaf het strand. Lukas tuurt met Kees op zijn arm over de zee. Ik zie geen gelukkige vader.

Dorpspomp

'Wat heb jij nou met je haar gedaan?' Als ik me verschrikt omdraai, kijk ik in het gezicht van een kennis uit het dorp. Ik heb net croissants en pistolets besteld bij de plaatselijke bakker, en Alie staat achter mij.

'Ik ben naar de kapper geweest,' antwoord ik rustig, terwijl ik als de dood ben dat ik door de mand val. Misschien zegt ze dat het wel een pruik lijkt.

Dat zegt ze niet, maar wel: 'Het zit echt totaal anders! Ik weet niet wat het is, heb je een andere kapper of zo?' Hier ben ik niet op voorbereid. Ik dacht dat het haarwerk dezelfde coupe als mijn eigen haar had, maar de oplettende kijker ziet wel degelijk verschil.

Ik antwoord dat ik naar mijn eigen kapper ben geweest en dat ik hem altijd de vrije hand geef. Misschien dat hij het iets anders heeft geknipt, daar ben ik me niet zo van bewust.

Alie blijft kritisch naar me kijken: 'Ik kan er ook niet echt de vinger op leggen. Misschien is het de kleur, heb je het ook laten verven?'

Ik wil dolgraag van onderwerp veranderen, en zeg: 'Ja ik heb het ook laten verven. Maar hoe is het met Henk, duurt het jachtseizoen nog lang?' Haar man is een verwoed jager en aangezien er elk jaar tweehonderdduizend ganzen geschoten moeten worden om de natuur te beschermen, gaat hij er ieder weekend voor dag en dauw met zijn geweer op uit om ze boven de weilanden neer te halen. Regelmatig rijdt hij langs ons huis met een paar ganzenborstfilets; wij behoren tot zijn vaste afnemers, vooral Thomas is er dol op.

'Het seizoen loopt op z'n einde,' zegt Alie, 'maar ik hoorde Henk gisteren zeggen dat hij nog langs jullie rijdt om de vriezer te vullen.'

Terwijl ik 'O, wat heerlijk' zeg, draai ik me om en betaal de broodjes die mij in een papieren zak over de toonbank worden aangereikt.

Een paar dagen later loop ik door de hoofdstraat in ons dorp als ik heel hard mijn naam hoor roepen. Het is Wietske, die op een holletje achter me aan loopt.

'Bar,' hijgt ze als ze bijna bij me is, 'ik wilde je iets vragen. Wat zit je haar toch goed, naar welke kapper ga jij?'

Weer schrik ik. Hoe komt ze erbij om over mijn haar te beginnen. Heeft ze Alie soms gesproken? Misschien dat de vrouwen in het dorp over mijn haar hebben gepraat. En dat eentje heeft geopperd dat ik misschien een pruik draag, want ze zeggen hier natuurlijk gewoon pruik. Net zoals ze nog Zwarte Piet zeggen, en het n-woord gebruiken. Misschien is het een valstrik, heeft iemand tegen Wietske gezegd: 'Vraag jij even naar welke kapper ze gaat', zodat ik wel moet zeggen dat ik niet naar een kapper ga, maar naar een haarwerkspecialist.

Terwijl ik in de grote blauwe ogen van Wietske kijk, zeg ik: 'O, ik ga nog altijd naar mijn oude kapper in Amsterdam. Rick heet hij, Rick van het Meer.'

'Goeie kapper is dat, het zit echt mooi,' reageert Wietske zonder spoortje ironie. 'Helaas is dat voor mij te ver uit de route. Fijne dag nog!'

Twee jaar geleden waarschuwde de vorige eigenares van ons huis me dat er enorm veel geroddeld wordt in ons dorp. 'Houd je een beetje afzijdig,' was haar devies, 'want voor je het weet ben je het onderwerp van de dorpspomp.' Ik ben ervan overtuigd dat de vrouwen in het dorp over mijn haar praten, maar zolang niemand mij op de vrouw afvraagt of ik een pruik draag, zeg ik niks.

Nest

De weervoorspelling voor het komende weekend is mooi voor de tijd van het jaar en omdat de boot toch naar de winterstalling in Grou moet, besluiten we nog een laatste weekendje op de boot te bivakkeren. Vrijdagmiddag varen we via de Langweerder Wielen over het Sneekermeer en door het Prinses Margrietkanaal naar Grou, waar we de boot aan de kade voor hotel Oostergoo leggen. Als we het dorpje in lopen op zoek naar een restaurant, zie ik opeens een heel mooie zwarte hond zitten. Elegant en stoer tegelijk. Niet groot, maar ook zeker niet klein. Als ik mijn droomhond moet tekenen, zie hij er zo uit. Alleen dan niet zwart, maar blond.

Zijn baasjes, een echtpaar van mijn leeftijd, staan voor een etalage te kijken en het hondje zit keurig op de stoep te wachten.

'Kijk,' zeg ik tegen Thomas, 'dat vind ik nou een mooi hondje. Wat zou dat voor merk zijn?'

Thomas kijkt en zegt: 'Ja, dat is een mooi hondje. Het lijkt op een labrador, maar dat zal toch niet want daarvoor is-ie te klein en te rank.'

'Kun jij niet even aan die mensen vragen wat voor hond het is?'

Thomas steekt gedwee de straat over en ik zie hoe hij de mensen aanspreekt. Hoewel ik ze niet kan verstaan, kan ik zien dat ze vriendelijk reageren en terwijl ze praten kijken ze alle drie steeds naar de hond, die onbeweeglijk zit te wachten. Dan draait Thomas zijn hoofd om en roept: 'Bar, kom even!'

Omdat we geen handen kunnen geven, zeg ik 'Hallo, ik ben Barbara' waarop zij zich voorstellen als Akkie en Jaap.

'We hebben je man net verteld dat dit een field trial labrador is,' zegt Jaap. 'Dat is een labrador die speciaal wordt gefokt voor de jacht. Ze zijn een stuk slanker en atletischer dan een gewone labrador. Ook intelligenter trouwens.'

'Maar,' vult Akkie aan, 'ze hebben het ontzettend lieve, rustige en zachte karakter van een labrador, en dat vonden wij ook heel belangrijk. Binnenshuis is het een heel rustige hond, buitenshuis houdt hij van werken en apporteren.'

Ik word op slag verliefd op de hond. De begeleidende tekst van zijn baasjes is ook aantrekkelijk.

'Zo een wil ik ook,' zeg ik terwijl ik Thomas aankijk. Thomas vraagt aan Jaap en Akkie of ze misschien een nummer van de fokker hebben. Akkie zegt dat ze geen idee hebben of de fokker binnenkort een nest verwacht maar we kunnen het altijd proberen. Ze pakt haar telefoon en zoekt het nummer op dat ik meteen in mijn eigen telefoon zet.

Als we die avond in het herfstzonnetje op ons dek zitten, stuur ik een appje naar het nummer.

'Wij zijn heel geïnteresseerd in een field trial labrador, verwacht u misschien een nest?'

Het antwoord komt meteen: 'Jaagt u ook of bent u van plan om een jachtcursus te volgen?'

Ik begrijp onmiddellijk dat dit een voorwaarde is en ik bluf: 'Ik ben zeker van plan om een jachtcursus te volgen. Ik heb in ons Friese dorp goed contact met een jager met wie ik op termijn mee op jacht kan.'

De fokker stuurt een emoticon met een duimpje omhoog en laat weten dat ze eind van het jaar weer een nest verwachten. Ze willen ons wel graag eerst ontmoeten.

Drie weken later staan we voor een groot landhuis met rode dakpannen in een Zuid-Hollands dorp waarvan we nog nooit gehoord hebben. Een volslanke vrouw met een vriendelijk gezicht doet open. Hoewel het volgens de regels niet hoeft, draagt ze een mondkapje. Ze loopt voor ons uit door de hal naar een grote huiskamer waarvan de muren volhangen met opgezette dierenkoppen. Ik zie een gnoe, een zebra, een wild zwijn, een edelhert, en nog wat typisch Afrikaanse dieren die ik niet kan thuisbrengen. Ze stelt voor dat wij aan de ene kant van de grote zwartleren bank plaatsnemen, dan gaat ze zelf aan de andere kant zitten.

'Er komen veel vreemde mensen hier voor de hondjes, en we nemen graag het zekere voor het onzekere. Willen jullie koffie?'

Als ze even later met een dienblad binnenkomt, ziet ze dat wij nog steeds gebiologeerd om ons heen kijken naar alle koppen die ons aanstaren: 'Mijn man is fervent jager,' licht ze toe, 'hij reist er elk jaar voor naar Afrika. Hij doet ook de jachttraining met de honden. De moederhond heeft veel prijzen gewonnen. We hebben haar laten dekken door een zwarte field trial labrador, de vader is ook een prijswinnaar. Daarom vinden we het belangrijk dat de pups ook jachttraining krijgen. Anders is het zonde.'

In wat voor een wereld ben ik nu terechtgekomen? Ik wilde gewoon een hond. Maar ik zeg niks, ik ga niet mijn eigen ruiten ingooien, het is al moeilijk genoeg om überhaupt in coronatijd een pup te krijgen.

De vrouw vertelt dat de moederhond nu vier weken zwanger is en een hondenzwangerschap duurt zo'n zestig dagen. Zeven weken na de bevalling kunnen we de pup halen. Als er tenminste genoeg puppy's geboren worden, ze heeft nu tien mensen op de wachtlijst staan. Het vorige nest dat de moeder wierp telde tien puppy's en met een beetje mazzel doet ze dat weer. Als ik vraag waar de moederhond nu is, zegt de vrouw dat ze die buiten uit de kennel zal halen.

'Kennel?'

'Ja, de hond komt nooit binnen in huis, ze is altijd buiten.' Ik verslik me in mijn koffie.

Even later dribbelt de blonde moederhond de huiskamer binnen. Ze heeft een bolle buik van de zwangerschap, maar is verder slank. Ze komt naar ons toe gelopen en laat zich door Thomas en mij tegelijk aaien terwijl ze met haar staart kwispelt. Ze heeft de liefste hondenkop die ik ooit heb gezien. En kort haar.

Yoga

Gesterkt door de woorden van lotgenoot Monique heb ik me aangemeld bij de sportschool. Ik heb dit jaar nauwelijks bewogen want toen ik nog haar had, gingen de sportscholen dicht vanwege de eerste lockdown, en daarna had ik te veel kale plekken en zag ik niet voor me hoe ik me met petjes of sjaaltjes zou moeten uitsloven in de gym. Ik heb me via de website opgegeven en word gebeld door een medewerkster van de sportschool dat ik een abonnement voor drie maanden moet nemen, dat daarna per maand opzegbaar is. Via de app van de sportschool meld ik me aan voor een yogalesje.

In het kleine zaaltje liggen al drie vrouwen op matjes als ik binnenkom. Voor het klasje zit de yogajuf in kleermakerszit op een bolster: 'Welkom, pak een matje en ga ergens liggen op minimaal anderhalve meter van de anderen.'

Als ik me geïnstalleerd heb, zegt ze dat we compleet zijn met het maximaal toegestane aantal van vier personen. We beginnen zittend met diep en rustig in- en uitademen. Na wat gedraai met nek, hoofd en armen, moeten we in de *downward facing dog*-houding gaan staan. Ik heb vanochtend mijn hele voorhoofd met de lijmroller ingesmeerd zodat het haarwerk extra stevig zit, maar toch voel ik me ongemakkelijk. Vanuit de omgekeerde hond gaan we naar de *warrior* 1. Ik begin al te zweten, heb de conditie van een zak hooi. We gaan door naar *warrior* 2 en daarna naar de *reversed warrior pose*. Als we in de *utthita trikonassana* staan voel ik het zweet niet alleen op voorhoofd, bovenlip en onder mijn oksels, maar wordt het onder het haarwerk ook nat. Ik krijg het benauwd, de hitte kan niet via mijn hoofd weg, het wordt vochtig en broeierig tussen schedel en haarwerk. Hupsakee weer in *downward facing dog*. Ik ben als de dood dat het haarwerk afglijdt, die lijm op mijn voorhoofd is niet bestand tegen zoveel zweet.

Tussen mijn benen door tuur ik of iemand naar mij kijkt. Dat is gelukkig niet het geval. De lerares staat haaks op het klasje in dezelfde houding en als ze al iets ziet, is het de deur. Wat een onopgemerkte exit zal bemoeilijken.

Via de *chairpose* en de *mountainpose*, komen we terecht in de *virabhadrasana*, oftewel de *warrior 3*. Ik haat deze pose, ik kan het niet en ik ga er nog meer van zweten. Ik herinner me opeens dat als het je te veel wordt, je altijd mag terugkeren naar de *child's pose*. Ik laat me op de grond zakken en buig mijn lichaam over mijn knieën tot een klein bolletje. Ik neem me voor in deze houding te blijven zitten tot ik de gong hoor. Na drie poses komt de juf me fluisterend vragen of het wel gaat.

'Beetje duizelig,' lieg ik, 'ik denk dat ik beter kan gaan.'

'Dat is goed,' zegt ze zachtjes, 'tot de volgende keer.'

Een geluk bij een ongeluk: de douches zijn wegens corona niet in gebruik, dus ik haast me op een draf naar huis. Staand voor de badkamerspiegel kijk ik naar mijn knalrode gezicht. Het haarwerk zit nog wel op zijn plek maar als ik een plukje beetpak, glijdt het vanzelf van mijn hoofd. Mijn eigen slierten haar zijn kletsnat, de kale plekken glimmen van het zweet dat eroverheen gutst.

Jammer van die drie maanden, maar ik weet één ding zeker: ik ga nooit meer sporten.

Op zoek naar een kapper

De buurtkapper was weg. De eigenaar van de zaak had het pand van de kapsalon verkocht en Ineke is met de noorderzon vertrokken. Meer dan vijftien jaar had Ineke de dochters en mij gecoiffeerd. Waar begin je je zoektocht naar een nieuwe kapper?

Een goede vriendin zei zonder aarzelen: 'Rob Peetoom, hij is echt de beste.' Rob Peetoom kende ik wel, een BN'er, verzorgde metamorfoses in programma's als *De 5 Uur Show*, *Koffietijd* en *Avro's Service Salon*. Dat leek me niet per se een aanbeveling, bovendien vond ik hem een ijdeltuit, niet mijn type. 'Dat hoeft ook niet,' zei de vriendin, 'hij is er zelf nooit. Hij heeft inmiddels meer dan tien zaken, zelfs op Bali.' Maar waarom naar Rob Peetoom gaan als hij er toch nooit was? 'Omdat zijn kapsalons gewoon goed zijn.'

Toen ik twee weken later in een stoel van Rob Peetoom zat en geknipt werd door een vriendelijke jonge dame, wist ik meteen dat dit de laatste keer zou zijn. De zaak was buitengewoon professioneel, maar ook onpersoonlijk. Het meisje dat mij knipte kwam niet verder dan de obligate vraag: 'Gaat u nog op vakantie dit jaar?' Ik voelde me verplicht te antwoorden en voerde veertig minuten een clichégesprek. Hoewel ik van tevoren wist wat de knipbeurt kostte, vond ik het achteraf veel te duur. Zo ingewikkeld was het niet, een stukje van mijn makkelijke haar afknippen.

De chef mode van *BLVD.*, de grootstedelijke glossy waarvan ik toen hoofdredacteur was, adviseerde me naar Fahrid te gaan. Hij was een grote naam in de modewereld en stylede het haar van de modellen voor modereportages in ons blad. Meestal was hij op een set aan het werk, maar twee dagen per week werkte hij als kapper in zijn kleine hippe zaakje in de Reguliersdwarsstraat. Zijn clientèle bestond louter uit modellen en acteurs, je kon er als gewone sterveling niet zomaar binnenwandelen. Maar de chef mode wist zeker dat ik als 'hoofdredacteur' ook bij hem terechtkon. Ik voelde me enigszins bezwaard toen ik hem belde, maar dat bleek onnodig, ik was van harte welkom.

Hoewel Fahrid bijzonder charmant was, voelde ik me allerminst op mijn gemak in zijn kappersstoel. Alles was hip: het interieur, de verlichting, de stoel, de thee en de kapper zelf. Er liepen continu vrienden van Fahrid binnen in artistieke designer outfits, met piercings en tattoos all over the place. Ze vielen hem om de hals en spraken allemaal Engels: '*Hello honey, you look unbelievably good, amazing!*'

Ik voelde me een provinciaalse boerentrien en begreep opeens waar de uitspraak '*so hip, it hurts*' vandaan kwam. Hoewel Fahrid mijn haar prima knipte – hoe moeilijk kon het zijn, een stukje eraf – deed het bij het afrekenen toch pijn in mijn portemonnee.

Toen ik tijdens de lunch bij *BLVD.* verslag deed van mijn bezoek aan Fahrid en vertelde hoe ongemakkelijk ik me er had gevoeld, zei eindredacteur Esther, wonend in Vught en wars van alles wat hip was, dat er op de hoek van het Singel een zeer betaalbare kapper zat die gewoon deed wat hij moest doen: een stukje van je haar afknippen.

En zo kwam ik bij Chang terecht. Een rustige, bescheiden man van Chinese komaf, zelf zo kaal als een biljartbal. Chang stond alleen in zijn zaak en hij boekte zijn afspraken met genoeg ruimte ertussen waardoor je meestal geen anderen trof. Zijn prijzen waren die van een buurtkapper en ik besloot mijn zoektocht te staken. De dochters haalde ik ook naar Chang, zij vonden hem 'cute'. Hoewel ik me een paar jaar door Chang heb laten knippen, bouwde ik geen band met hem op. Daar was hij de persoon niet naar, hij knipte zwijgzaam, wat ik prettig vond en waardoor ik, als ik de zaak verliet, altijd op de hoogte was van het laatste nieuws uit de roddelbladen.

Twaalf jaar geleden werd ik door Liesbeth, een collega van *Het Parool*, uitgenodigd voor een feestje in het Blauwe Theehuis in het Vondelpark in Amsterdam. Het was een zwoele zomeravond, de hitte hing als een warme deken over het park. Binnen werd gedanst, buiten werd gerookt en gedronken, in verband met de buren was muziek buiten niet toegestaan. Ik bleef op het terras, het leek me binnen veel te warm, sowieso om te dansen. Maar toen ik na een stuk of zes biertjes een swingend nummer hoorde, liep ik toch de trap op om me in de dansende menigte te storten.

In eerste instantie hopste ik maar wat rond, en danste ik van de een naar de ander. Totdat ik een man zag dansen die ik niet kende. Hij was bijzonder knap om te zien; lang, gespierd, blond, blauwe ogen en een stralend wit gebit. Ik richtte me op hem en hoewel hij toch minstens tien jaar jonger dan ik moest zijn, begon hij met mij te dansen. Het klikte, we dansten verreweg het uitbundigste van iedereen. Ik vergat de hitte en de mensen om ons heen en danste totdat het licht aanging en ik vroeg: 'Wie ben jij eigenlijk?'

'Ik ben Rick,' antwoordde hij.

'Hoe ken jij Liesbeth?' hijgde ik.

'Ik ben haar kapper.'

'Wil je ook mijn kapper worden?'

'Graag. Ik geef je mijn nummer. App maar voor een afspraak.'

Een week later zat ik in de kappersstoel van Rick. Het voelde als thuiskomen.

Truffelpasta en wilde eend

Terwijl ik op de Kloveniersburgwal verhuisdozen aan het inpakken ben, hoor ik mijn telefoon gaan. Ik loop haastig door de gang van de slaapkamer naar de keuken. Ik heb mijn haarwerk niet op want ik zweet van het inpakken. Over een paar weken moeten we het appartement verlaten en verhuizen is altijd meer werk dan je denkt.

In ons huis in Friesland vind ik het te onveilig om zonder haarwerk te lopen, maar dat gevoel heb ik hier niet. Ten eerste wonen we op eenhoog en ten tweede hebben Amsterdammers niet de gewoonte om onverwachts langs te komen. Ik neem de telefoon op en hoor Laura met een klein stemmetje: 'Mam, het gaat helemaal niet goed. Lukas is nu drie dagen thuis, maar aan alles merk ik dat hij hier niet wil zijn. Hij is heel somber en verdrietig en ik begrijp het niet. Hij doet niks in het huishouden en is ook helemaal niet zorgzaam voor Kees. Niks voor hem.' Ik vraag of ze wel praten.

'Ja, maar hij begrijpt het zelf ook niet. Hij weet niet waarom hij zo ongelukkig is. Hij zegt dat hij toch twijfelt aan zijn gevoelens voor mij, terwijl hij ook zegt dat hij heel veel van mij houdt.' Laura heeft hem voorgesteld in relatietherapie te gaan, maar daar wil Lukas niets van weten. Toen ze vroeg of hij dan ten minste mee naar de huisarts wilde, stemde hij toe. 'Daar gaan we morgenochtend heen en ik wilde je vragen of je dan even op Kees wilt passen.'

De volgende dag zit ik op mijn knieën voor het bad terwijl ik Kees door het water wieg. Ze kraait van plezier. Ik hoor de deur in het slot vallen en houd mijn adem in om te horen wie er binnenkomt. Laura is alleen. Ze steekt haar hoofd om de hoek van de badkamer en ik zie aan haar betraande wangen en waterige ogen dat ze gehuild heeft. Ik zeg haar dat ze zich maar even op de bank moet installeren met een potje thee en dat ik Kees na het badderen in bed leg.

Een kwartier later kom ik de huiskamer binnen en vraag hoe het is gegaan. Ze kan alleen maar huilen. Terwijl ik haar stevig vastpak, zeg ik: 'Gottegod, mijn lieve meisje toch, wat is dit verdrietig. Waar is Lukas nu?'

'Hij is even fietsen, daar had hij behoefte aan,' snikt ze. 'Het was vreselijk. Lukas zei dat hij wel van me houdt, maar dat hij twijfelt of het wel genoeg is. Hij heeft het grote gevoel niet meer. De huisarts was ontzettend lief en empathisch. Ze zei dat het veel vaker voorkomt dat jonge vaders in de war zijn als ze voor het eerst een kindje krijgen. En in combinatie met de lockdown is het helemaal zwaar. Ze adviseerde ons samen met een psycholoog te gaan praten. Maar Lukas zei ook tegen haar dat hij dat beslist niet wilde. Hij vindt dat het niks met onze relatie te maken heeft, maar dat het in zijn hoofd zit en dat het zijn beslissing is.'

'Totale onzin,' interrumpeer ik, waarna Laura vervolgt: 'De huisarts zei dat het helemaal niet verstandig is om nu beslissingen te nemen. Ze heeft hem dringend verzocht niks te besluiten, en vooral de tijd te nemen. Om te wennen aan het gezin, en af te wachten tot de lockdown voorbij is en het leven weer normaal wordt.'

'En wat zei Lukas toen?'

'Hij zei: "Ik hoor wat u zegt, en neem het in mijn overweging mee."'

Laura heeft hem toen ze weer buiten stonden gesmeekt het voor haar te doen, samen in relatietherapie te gaan, maar hij wil het niet. Hij had er behoefte aan een paar uur te fietsen. Volgens Laura keek hij doodongelukkig. Ik laat Laura los uit mijn omhelzing en kijk haar aan. Mijn dochter die een maand geleden nog het gelukkigste kind op aarde was, boven op een roze wolk zat, is zo bang en verdrietig dat ik het nauwelijks aan kan zien. Ik zeg dat het heus wel goed komt, maar maak me grote zorgen.

De dagen erna zijn grimmig. Buiten is het koud, het wordt vroeg donker, de straten zijn leeg. Ik voel me unheimisch in mijn eigen stad. Mijn schedel is beschermd door het haarwerk, maar mijn zenuwen liggen bloot. Ik voel me niet alleen kwetsbaar omdat ik kaal ben, maar ook om wat ons te wachten staat. De mogelijkheid dat Laura met haar baby verlaten zal worden, doet me naar adem snakken. 's Nachts heb ik hartkloppingen. Ik ben bang.

Na vier dagen in onzekerheid te hebben geleefd, belt Laura. Ze vertelt dat ze gisteren, zaterdag, om zes uur was thuisgekomen uit haar werk. Haar restaurant is omgetoverd in een takeaway en ze maken goede sier met overzichtelijke gerechten als tomatensoep, salade met burrata en pasta met truffel die buurtbewoners en vaste klanten kunnen afhalen. Ze had allemaal lekkere dingen meegenomen als investering in een gezellige avond met Lukas. Ze delen hun liefde voor lekker eten en goede wijn.

Terwijl Laura bezig was de dozen met oesters, truffelpasta en wilde eend op het aanrecht te zetten, vroeg Lukas of ze Kees van hem over wilde nemen en kondigde hij aan bij Bob te gaan eten.

'Bij Bob?' reageerde Laura verbaasd. 'Ik heb heel lekker eten meegenomen voor vanavond.'

'Dat is morgenavond ook nog goed,' antwoordde Lukas ongeinteresseerd.

'Maar het is zaterdagavond en jij hebt helemaal niet gezegd dat je weg zou gaan!'

'Nee, maar dat zeg ik dan nu.'

Op dat moment werd Laura boos: 'Dit is geen manier van met

elkaar omgaan, zeker niet als je samen een kind hebt. Als jij nu zo nodig naar Bob moet, blijf je daar maar.'

Dat liet Lukas zich geen twee keer zeggen. Hij pakte een sporttas met kleren en weg was hij. Vanochtend sms'te Laura hoelang hij van plan was weg te blijven. Lukas had geantwoord dat hij langer de tijd nodig heeft om na te denken. Hoelang wist hij niet.

Trots op een kaal hoofd

De man mailde me drie weken nadat zijn vrouw was overleden met de vraag of hij zijn verhaal mocht doen in mijn rubriek in *de Volkskrant*. Ik condoleerde hem per mail en vroeg hem of het niet een beetje vroeg was. Hij zou ook nog een paar maanden kunnen wachten. Maar dat vond hij niet nodig, ze was een half jaar ziek geweest en daar kon hij prima op reflecteren.

Als ik aanbel in een buitenwijk van Alkmaar, doet een lange vijftiger de deur open. Zijn rug gebogen, zijn blik droevig: 'Fijn dat je er bent, kom binnen.'

Hij keert zich om en ik loop, de anderhalve meter in acht nemend, achter hem aan de hal in. Even later zitten we tegenover elkaar aan de houten tafel voor het raam. Hij vertelt dat zijn zoon boven aan het studeren is, hij zit in de examenklas van het vwo, en zijn dochter studeert in Leiden. Het gaat goed met de kinderen, beter dan met hemzelf.

Mijn eerste vraag is steevast: kun je de overledene beschrijven, wat voor vrouw was Marion? 'Marion was de spil van het gezin,' zegt hij terwijl zijn ogen beginnen te stralen. 'Moeders maken het gezellig, organiseren feestjes en vakanties, ze zorgen dat het leven kleur krijgt.'

Mijn tweede vraag is altijd 'wanneer merkten jullie dat er iets niet pluis was?' Meestal hoef ik daarna niet meer zoveel te vragen. Of het nu drie weken, drie jaar of dertien jaar geleden is, mensen weten altijd nog exact wat de eerste symptomen waren, wanneer ze ongerust werden en naar de dokter gingen. De dag van de diagnose, het tijdstip van de operatie, het staat in hun geheugen gegrift. Marion had zeven jaar geleden last van pijn in haar schouder en een aanhoudende hoest. Het bleek een kwaadaardige longtumor te zijn en ze onderging het hele circus van chemo, bestraling en operatie. Na een jaar was het weg en werd ze genezen verklaard. Na vijf jaar dronken ze champagne om te vieren dat het risico op terugkeer was verdwenen.

En toen kreeg ze een half jaar geleden pijn in haar rug, wat ze aanvankelijk weet aan het sporten. Het ging niet weg, en toen ze er ook nog een raar kuchje bij kreeg, verwees de huisarts haar naar het ziekenhuis. Daar bleek al spoedig dat de kanker terug was, en dat haar hele lichaam vol uitzaaiingen zat. Het was meteen duidelijk dat het ongeneeslijk was, een levensrekkende behandeling was de enige optie. De man begint te huilen, dit slechtnieuwsgesprek was het ergste moment in zijn leven. De oncoloog vertelde dat zijn grote liefde zou doodgaan.

Marion zelf herpakte zich onmiddellijk en zei: 'Kom maar op met die chemo, ik zal er alles aan doen om zo lang mogelijk bij mijn kinderen te kunnen blijven.'

Weer barst de man in snikken uit. Hij staat op en loopt naar de keuken waar hij een velletje papier van de keukenrol afscheurt. Nadat hij zijn neus heeft gesnoten en zijn tranen heeft gedroogd, neemt hij weer tegenover mij plaats: 'De chemo startte twee dagen na de fatale diagnose, er was haast geboden omdat de kanker erg agressief was. Na drie weken werd ze alweer kaal, net als zeven jaar geleden.' Het woord *kaal* komt binnen als een mokerslag.

'Hoe vond Marion het om kaal te worden?' onderbreek ik hem.

'De eerste keer heel erg. Ze had prachtig dik bruin lang haar en toen ze dat de eerste keer verloor en uiteindelijk haar hoofd kaalschoor, was ze erg verdrietig. We kochten een pruik maar die heeft ze niet lang gedragen.'

'Groeide haar haar zo snel weer aan dan?'

'Nee, ze kreeg het benauwd van dat ding, het knelde om haar hoofd, zei ze. Ze heeft de pruik op Markplaats verkocht, het was best een duur ding. Ik geloof dat ze er nog driekwart van de nieuwwaarde voor terugkreeg, ze was er zelf heel tevreden over. Daarna ging ze kaal door het leven, totdat haar haar weer groeide natuurlijk.'

Of ze zich niet schaamde, vraag ik.

'Nou nee, Marion was sowieso heel open. Ze vertelde aan iedereen dat ze kanker had, dus mensen waren ook niet verbaasd dat ze kaal was.'

'Werd ze dan niet nagekeken?'

'Als dat al zo was, trok ze zich daar niet zoveel van aan. Ze was ook trots op haar kale hoofd, vond dat ze een mooie ronde schedel had. En dat was eigenlijk ook zo.'

Ik ben jaloers op zoveel onverschrokkenheid. Terwijl de man naar de boekenkast loopt waaruit hij een fotolijstje pakt, zegt hij: 'Ik herinner me opeens dat ze vertelde dat ze in de speeltuin was met het buurmeisje op wie ze oppaste, toen ze werd aangestaard door een paar kleine kinderen. Marion heeft toen gezegd: "Jullie vinden het gek dat ik kaal ben, hè? Het ziet er ook een beetje raar uit, maar dat komt doordat ik ziek ben. Als ik weer beter word, krijg ik weer haar." De kinderen vonden het een heldere uitleg en gingen door met spelen.'

De man overhandigt me de foto waarop Marion in een receptieachtige situatie staat. Ze heeft een strapless satijnen jurk aan, is mooi opgemaakt en heeft inderdaad een kale ronde schedel. Ze lacht voluit met haar roodgestifte lippen waardoor beladenheid ontbreekt.

'Dat was op het huwelijk van haar zus, vier maanden geleden. Mooi was ze, hè?'

Mooi en zelfverzekerd, denk ik. Mooi, zelfverzekerd en zonder gêne. Ik vraag of het haar weer was gegroeid toen ze stierf.

Hij trekt even zijn wenkbrauw op, of verbeeld ik me dat, vanwege deze irrelevante vraag.

'Ja, ze had best weer veel haar toen ze op haar sterfbed lag. Ze was daar blij mee. Vooral blij dat de kinderen hun moeder zouden herinneren met mooi haar, zoals ze altijd geweest was.'

Kleinzoon komt

Jasper belt of Jesse komend weekend bij opa en oma in Friesland mag logeren. Het gaat niet goed met Katinka. Met het vallen van de blaadjes daalt haar gemoed, zoals eigenlijk iedere herfst. Jasper heeft de afgelopen weken al een paar keer gebeld om verslag te doen van de neerwaartse spiraal waarin niet alleen zijn vriendin, maar het hele gezin is terechtgekomen. Katinka is vanwege haar depressie nauwelijks in staat om te werken, terwijl Jasper overuren draait als social distance manager. Het zou fijn zijn als Jesse er even een weekendje tussenuit kon.

Hoewel erg in beslag genomen door de verhuizing en de situatie met Lukas en Laura, zeg ik dat ik het met Thomas zal overleggen. Als ik even later aan Thomas vraag of onze kleinzoon kan komen, vindt hij het prima. Ik weet niet wanneer de knop precies is omgegaan maar Thomas' angst voor corona lijkt verdwenen als sneeuw voor de zon. Het feit dat het virus zich in de zomer koest heeft gehouden, heeft ervoor gezorgd dat de stijging van het aantal besmette patiënten niet meer gepaard gaat met gruwelijke beelden van mensen aan de beademing op de intensive care. De ziekenhuizen zijn überhaupt niet vol, en ik vermoed dat Thomas niet meer bang is dat hij in z'n eentje op een ic in Duitsland hoeft te sterven.

De dag nadat ik de afspraak met Jasper heb gemaakt is er weer een persconferentie; er komt een verzwaring van de gedeeltelijke lockdown, en alle publiek toegankelijke locaties worden gesloten.

Bioscopen, pretparken, zwembaden, dierentuinen, alles dicht. Dat wordt een heel weekend spelletjes doen en puzzels maken met het kleine mannetje.

Zaterdagochtend om kwart voor zeven staat de kleinzoon naast ons bed: 'Omi, omi, wakker worden, Jesse is wakker!' Ik kijk recht in twee grote blauwe ogen: 'Jesse wakker!'

'Ja schat, ik zie het, ik zal opstaan.'

Als ik naar de badkamer loop, realiseer ik me dat ik mijn haarwerk niet opheb. Zou een kind van drie dat opmerken? Jesse is een jongetje dat alleen met autootjes en Paw Patrol speelt, ik heb hem nog nooit met een pop gezien. Ik vermoed dat hij geen enkele interesse in het fenomeen 'haar' heeft.

Hij drentelt op zijn blote voetjes achter me aan de badkamer in. Als ik in mijn badjas voor de wasbak sta, ben ik in dubio. Moet ik het haarwerk pakken en het opzetten in zijn bijzijn, of is dat juist heel vervreemdend voor hem?

Hoe zat dat ook alweer met dat experiment in een kleuterklas waar de juf zich tot Sinterklaas transformeerde? Ik herinner me een filmpje waarin een juf terwijl ze de klas een verhaal vertelt langzaam de schoenen, de witte onderjurk en de mantel van Sinterklaas aantrekt. De kinderen hangen aan haar lippen en zien tegelijkertijd hoe ze zich verkleedt. Vervolgens doet ze witte handschoenen aan, een grote zegelring om de gehandschoende ringvinger en plakt ze een grote witte baard op haar kin. Tot slot doet ze een mijter op waardoor ze geheel getransformeerd is in de Sint. Op dat moment zegt ze met een lage stem: 'Dag lieve kinderen, de Sint vindt jullie heel braaf. Weten jullie ook waar juf Joke is?' De kinderen antwoorden in koor: 'Die is weg!' 'Waarnaartoe?' vraagt de jufsint. En dan wijzen de kinderen met z'n allen naar de deur: 'Ze is weg!'

Ik weet dat het nergens op slaat, maar ik ben bang dat Jesse denkt dat omi opeens weg is als ik mijn haarwerk opzet. Ik kan het beter straks doen, buiten zijn zicht, besluit ik. Ik pak de slierten haar bij elkaar en maak achter op mijn hoofd een dun staartje.

Als Thomas twee uur later naar beneden komt, staan de spelletjes- en puzzeldozen hoog opgetast op tafel. 'Jesse heeft met omi spelletjes gedaan,' roept Jesse enthousiast als hij zijn opa ziet. Tijdens het ontbijt overleg ik met Thomas wat we vandaag gaan doen. Alle kinderattracties zijn gesloten maar we moeten wel een frisse neus halen, je kunt met een kind van drie niet de hele dag binnen zitten.

'Laten we naar de speeltuin aan de andere kant van het dorp wandelen,' stel ik voor.

'Jaaaaaa!' roept Jesse uitgelaten.

'Jesse, ga jij nog even met duplo spelen, dan gaat omi naar boven om zich aan te kleden.'

Als ik hem aankijk of hij de boodschap heeft begrepen, zegt hij: 'Omi lang haar maken?'

Kogel door de kerk

Ze had keihard geschreeuwd, het leek op krijsen. Ze had zich op de grond geworpen en zich aan zijn been vastgeklampt. Ze had gegild en gesmeekt: 'Je kunt me niet alleen laten, je kunt óns niet alleen laten! Dat kan niet, dat mag niet!'

Ik zit op de grond tussen de verhuisdozen als Ruby telefonisch verslag doet van wat zich vanochtend heeft afgespeeld. Laura was het wekenlange wachten zat en reed die ochtend met Kees in de auto naar Bob. Ze sommeerde Lukas mee naar huis te komen, ze kon niet langer tegen deze tergende onzekerheid. Onderweg appte ze haar zusjes of ze naar haar toe konden komen, aan alles voelde ze onheil naderen.

Ruby was al gearriveerd toen Laura en Lukas een half uur later binnenkwamen. Ze pakte Kees snel van Laura over en verdween naar de slaapkamer zodat de ouders rustig samen in de huiskamer konden praten. Ze kon alles woordelijk verstaan. Op Laura's vraag wat hij wilde, bracht Lukas het slechte nieuws meteen; hij had er goed over nagedacht en was tot de conclusie gekomen dat hij niet meer genoeg voor Laura voelde om te blijven. Hij beëindigde de relatie en zou definitief vertrekken.

Laura was in huilen uitgebarsten en vroeg wanhopig: 'Maar hoe kan dat nou, hou je dan niet meer van mij?'

Lukas had rustig geantwoord dat hij nog wel van haar hield, maar niet genoeg.

'Maar we hadden het toch heel fijn?' riep Laura. 'We hebben

vorig jaar toch samen besloten dat we graag een kind wilden?'

Wat Lukas daarop had geantwoord kon Ruby niet verstaan omdat haar zusje te hard huilde.

'Het was hartverscheurend,' zegt Ruby. 'Ik hield mijn handen voor Kees' oortjes om te voorkomen dat ze dit mee zou krijgen.'

De hele scène had nog geen tien minuten geduurd. Lukas probeerde uit te leggen dat zijn gevoel al langer weg was, waarop Laura schreeuwde: 'Dat geloof ik niet, dat is niet waar! We waren gelukkig, we hebben samen een baby gemaakt. Je kunt ons niet in de steek laten, Kees is zes maanden!'

Lukas bleef ijzig kalm en antwoordde dat hij Láúra verliet, niet Kees. Hij zou de verantwoordelijkheden voor zijn dochter dragen. Waarop Laura had gegild dat hij dan moest blijven, dat het zijn verantwoordelijkheid was om te vechten voor Kees en hun relatie. Maar Lukas was onwrikbaar, zijn besluit stond vast. Hij had er lang genoeg over nagedacht en hij gunde Laura iemand die honderd procent voor haar ging. Laura huilde dat ze hém wilde, alleen maar hem, hij was haar grote liefde. Niemand anders!

Ondertussen zat Ruby op het tweepersoonsbed met Kees in haar armen te hopen dat er een eind zou komen aan Laura's smeekbede. Lukas was degene die een einde maakte aan de situatie door te zeggen dat hij wegging en van de week zijn spullen zou komen ophalen. Op dat moment kwam Laura bij zinnen en zei dat hij dan meteen zijn sleutel moest inleveren. Gedwee haalde hij de sleutels van het appartement van zijn sleutelbos en overhandigde die aan Laura. Aangeslagen verliet hij het huis.

Toen Ruby de voordeur in het slot hoorde vallen, kwam ze uit de slaapkamer. Ze raapte haar zusje op die huilend op de grond lag. Toen ze Laura een uur later in bed legde, zag ze haar kans schoon en belde mij. 'Dit kán toch niet. Wie laat nu van de ene op de andere dag zijn vriendin en zijn dochtertje van zes maanden in de steek. Omdat "het gevoel" er niet meer is.'

Ik antwoord dat ik geen man ken die zo'n beslissing neemt zonder dat er een ander in het spel is.

'Laura is ervan overtuigd dat er geen ander is, dat heeft ze meerdere malen gevraagd.'

'Ik geloof het niet,' zeg ik.

'Nee,' zegt Ruby, 'ik geloof het ook niet.'

Andre Agassi

Ik lees *Open*, de autobiografie van de tennisser Andre Agassi. Dat is opmerkelijk want ik heb nooit enige interesse in sport getoond. Ergens in de krochten van mijn geheugen had ik opgeslagen dat Agassi een haarwerk droeg. Googelend stuitte ik meteen op koppen als 'Agassi tenniste jarenlang met pruik'.

Op 30 oktober 2009, kennelijk de dag dat het boek verscheen, kopten alle kranten en nieuwssites deze onthulling. De vuistdikke autobiografie telt 470 pagina's waarvan er nog geen vijf gaan over zijn gebrek aan haar en het dragen van een toupet. Er staan ontluisterender dingen in. Zo schrijft hij over zijn autoritaire vader en zijn dopinggebruik. Sappig zijn de verhalen over zijn relatie met Brooke Shields en zijn huwelijk met Steffi Graf. Maar het feit dat de kranten allemaal koppen met zijn toupet bevestigt mijn vermoeden dat het heimelijk dragen van een haarwerk groot nieuws is.

De knappe Agassi maakt in zijn tienerjaren al furore als professioneel tennisser. Hij had lang haar en droeg opvallend hippe kleding, waardoor hij een sexy imago had. In het boek beschrijft hij dat hij als zestienjarige jongen heel ontevreden is over zijn haar: 'Mijn kapsel is een pluizerig, piekerig, tweekleurig matje met zwarte haarwortels en scherpe punten.'

Hij schrijft: 'De sleutel van mijn identiteit, het enige wat ik over mezelf weet maar niet tegen journalisten kan zeggen, is dat ik kaal word. Elke ochtend vind ik iets meer van mijn identiteit op mijn hoofdkussen, in mijn kam, in het afvoerputje.' Agassi vraagt aan een goede vriend die aan dezelfde kwaal lijdt en naar New York vliegt om haarstukjes te kopen of hij er ook eentje voor hem wil meenemen.

Ik heb met terugwerkende kracht erg te doen met de tennisser. Ik ben een vrouw van begin vijftig die haar identiteit al lang gevonden heeft, en daar nu mee worstelt vanwege het haarverlies. Maar die arme jongen hád nog helemaal geen identiteit. En ik vraag me af hoe je in godsnaam topsport bedrijft met een haarwerk op je hoofd.

Het noodlot slaat inderdaad een paar jaar later toe, vlak voor de finale van Roland Garros in 1990, zijn eerste grandslamfinale, waarin hij het opneemt tegen de Ecuadoriaan Gómez. De avond ervoor stapt Agassi onder de douche en valt het haarstuk opeens in zijn handen uit elkaar. Hij heeft waarschijnlijk de verkeerde conditioner gebruikt. In paniek belt hij zijn goede vriend die de toupet provisorisch met de haarspeldjes vastzet op zijn hoofd.

Over de finale schrijft Andre: 'Tijdens de warming-up voorafgaand aan de partij bid ik niet voor een zege, maar dat mijn haarstukje het houdt. Normaal gesproken zou ik gespannen moeten zijn voor mijn eerste grandslamfinale, maar door mijn haarstukje raak ik verlamd. Ik beeld me in dat het losraakt. Tijdens elke uithaal, elke sprong denk ik dat het op het gravel valt, net als een van die haviken die mijn vader vroeger uit de lucht schoot. Ik hoor het publiek al naar adem happen. Ik kan miljoenen mensen al verbaasd dichter naar de tv zien schuiven, elkaar aankijkend en in tientallen talen en dialecten horen vragen: "Viel Andre Agassi's haar zojuist op de grond?"'

Dat hij de wedstrijd verloor was voor de wereld een verrassing, want hij had Goméz een paar weken daarvoor nog verslagen. Niemand kende de werkelijke reden van zijn nederlaag.

Als Agassi jaren later een relatie met Brooke Shields krijgt, is hij als de dood dat zij zijn hoofd aanraakt. Hij durft zijn geheim pas op hun derde afspraakje te onthullen. Zij reageert volkomen rustig en zegt dat ze op zijn mooie ogen valt, en op zijn hart, niet op zijn haar. Als ze een poosje verkering hebben vindt Brooke dat hij zijn haarstuk moet weggooien. En zijn paardenstaart ook. 'Scheer je haar kort, dan is het geen probleem meer.'

Na een paar dagen nadenken komt hij tot de conclusie dat zijn vriendin gelijk heeft. Ze spreken af dat ze de scheerceremonie zullen houden in Brookes keuken, na afloop van de theatervoorstelling *Grease* waarin zij speelt. 'Als er plukken haar op de grond vallen, voelt het alsof er delen van mij op de grond vallen,' schrijft Agassi. Als hij daarna in de spiegel kijkt, schrikt hij: 'Ik zie iemand die ik niet herken, er staat een onbekende voor me. Mijn spiegelbeeld is niet anders, maar het is domweg mijn spiegelbeeld niet. Eerst ben ik geschokt. Maar dan denk ik: wat ben ik nu eigenlijk echt kwijtgeraakt? Misschien is het wel makkelijker om déze man te zijn.'

Vlak daarna speelt Agassi tijdens de Australian Open in 1995 naar eigen zeggen als de *Incredible Hulk*. Hij verliest niet één set in zijn opmars naar de finale.

Oesters en veel wijn

'De vrachtwagen komt voorrijden met één chauffeur die tevens meehelpt de spullen in te laden,' zegt de man van het opslagbedrijf door de telefoon. 'Uw huisraad dient al op straat klaar te staan want onze medewerker mag niet naar binnen.'

Ik zeg dat mij twee maanden geleden was verteld dat ze met drie man sterk zouden komen.

'Ja mevrouw, dat klopt, maar dat was vóór de lockdown. Wij houden ons nu strikt aan de coronaregels.'

Ik heb nog een week om een groepje sjouwers te mobiliseren. Bijna alles is ingepakt en klaar om opgeslagen te worden, er staan 62 verhuisdozen in de logeerkamer. Alleen ons bed, de eettafel en een paar lampen staan nog op hun plek, voor de rest wordt het komende week kamperen. Wat niet erg is want de meeste tijd breng ik door bij Laura, die kapot is van verdriet. Ze slaapt niet meer en eet niet meer. Terwijl ze een maand geleden nog *chubby* was van de zwangerschap, duikt de weegschaal nu onder de zestig kilo. Kees kreeg nog borstvoeding, maar omdat Laura dat niet meer kan opbrengen bouwt ze af. Praktisch voor haar zusjes en mij, zo kunnen wij voedingen overnemen.

De op een na laatste avond op de Kloveniersburgwal nodigen we neef Jelte en zijn vriendin Antje uit om te komen eten. Ik heb ze van tevoren gewaarschuwd dat ik het eten bestel want de keukenspullen zijn ingepakt, dat we in een lege eetkamer zullen zitten vonden ze juist charmant.

Ze weten niets van mijn haarwerk en ik ben al de hele dag nerveus. De laatste keer dat we elkaar zagen, was op de begrafenis van Petra, de moeder van Jelte. Toen droeg ik een hoed. Antje is een knappe vrouw, net zo oud als ik, met een heel scherpe blik. Of je nu nieuwe schoenen draagt of een nieuwe oorbel, ze ziet altijd alles. Ze heeft zelf lichtblond soepelvallend haar. De hele dag pieker ik me suf: moet ik het ze wel of niet vertellen? Het is familie maar ik zie er zo tegen op. Uiteindelijk besluit ik maar zonder plan de avond in te gaan.

Het is zeven uur als ze aanbellen, ze hebben vier flessen wijn bij zich. Ons kennende zijn die aan het eind van de avond leeg. Ik heb bij vishandel Tel twee mandjes oesters gekocht, en bij de Japanner heel veel sushi besteld. Het zijn geen leuke tijden, des te meer reden om onszelf te verwennen.

Terwijl Thomas en Jelte in de keuken de oesters openen, drink ik met Antje in de lege huiskamer witte wijn. Ik vraag Antje hoe het op haar werk gaat. Ze is als crisiscommunicatieadviseur ingevlogen in het coronateam van Jaap van Dissel en heeft daarmee op dit moment het allerinteressantste beroep dat ik ken. Antje vertelt dat het niet goed gaat met het aantal besmettingen en dat het haar niet zou verbazen als binnenkort weer strenge maatregelen nodig zijn.

'Ook het sluiten van scholen en kinderopvang?' vraag ik bezorgd.

'Dat zou best kunnen,' antwoordt Antje. Ik wil weten wanneer. Maar Antje heeft geen glazen bol, ze zegt dat het afhangt van de effecten van de harde lockdown en de beslissing is aan het kabinet.

Ik vertel haar over Katinka die weer depressief is. Het zou vreselijk zijn als Jesse niet naar de crèche kan. Er wordt gesproken over opvang voor kwetsbare kinderen, vertelt Antje. Voor kinderen van ouders met vitale beroepen en voor weerloze kinderen zullen de kinderdagverblijven open moeten blijven.

Als Thomas en Jelte aanschuiven met een grote schaal oesters, vertel ik over het recente vertrek van Lukas. Ze kunnen het niet geloven. Wij zeggen dat we het ook nog steeds niet kunnen geloven. Lukas is acht jaar lang onze schoonzoon geweest en we konden het heel goed met hem vinden. Een intelligente, behulpzame, attente jongen. Hij was bij al onze feestjes, schoof aan bij de kerstdiners en ging een aantal keer met ons mee op vakantie. Voor Jasper, Ruby en Milou was hij een fijne zwager, maar ook een goede vriend. Een zeer gewaardeerd lid van de familie. Bovendien de man die Laura acht jaar gelukkig maakte en met wie zij een prachtig kindje kreeg. Het is totaal onwerkelijk dat hij zomaar de deur is uit gelopen. Hij ging nog net geen pakje sigaretten halen, maar het scheelde niet veel.

Jelte suggereert dat hij vast en zeker spijt krijgt, en op zijn schreden terugkeert.

'Ik denk het niet,' reageer ik, 'daar is Lukas de persoon niet naar.' Hoewel zijn daad impulsief lijkt, denk ik dat hij er langer over heeft nagedacht. Ik hoop voor Laura dat hij het nog eens eerlijk zal uitleggen want zoals het nu gegaan is, is traumatisch voor haar.

Terwijl Thomas de derde fles witte wijn ontkurkt, loop ik naar de keuken om de sushi te halen. Als de schalen op tafel staan, vraag ik aan Jelte hoe het met hem gaat sinds zijn moeder is overleden. Het is nu een half jaar geleden en haar vertrek van deze wereld lijkt even plotseling als het vertrek van de schoonzoon. Met dit verschil dat we over Petra's manier van afscheid nemen niets dan goeds kunnen zeggen.

'Eigenlijk zou ik het verhaal van je moeder graag in mijn serie in *de Volkskrant* willen opschrijven. Het is heel troostrijk voor de lezers om voorbeelden te krijgen van mooie sterfbedden.'

Jelte zegt dat ik dan beter Stella, het zusje van Thomas en Petra, kan interviewen, zij kan het beter vertellen dan hij.

Aan het einde van de avond, ik tel zes lege flessen, besluit ik dat ik toch over mijn haar moet vertellen. Als ik het nu niet doe, zullen ze me dat altijd verwijten, na zo'n intieme en persoonlijke avond.

'Ik moet jullie nog iets vertellen,' begin ik mijn ontboezeming. Alle ogen zijn plotseling op mij gericht. 'Ik draag een pruik.'

'Wat??' roept Antje. 'Dat méén je niet!'

Haar reactie lucht me op, en moedigt me aan het hele verhaal te vertellen. Ik begin bij het moment voor mijn optreden bij *De Wereld Draait Door* en ik eindig bij het wegrijden uit Brielle met mijn haarwerk.

De mond van Antje hangt al die tijd open van verbazing. Ze zegt dat ze het ab-so-luut niet had gezien en dat het haarwerk niet van echt te onderscheiden is. Of ze het ook even mag voelen. Tuurlijk, nu ben ik zo opgelucht, dat ik het haarwerk bijna af wil zetten om het haar aan te reiken. In plaats daarvan buig ik mijn hoofd naar haar toe. Terwijl ze een strengetje haar tussen haar vingers laat glijden, zegt ze dat ze het niet van echt te onderscheiden vindt.

'Maar het ís ook echt haar,' antwoord ik met enige trots, 'echt Europees blond haar.'

Antje vindt het een gek idee om te bedenken van wie het dan is geweest. Ik realiseer me dat ik daar nog geen seconde over heb nagedacht.

'Vast van een knappe meid van drieëntwintig uit Kopenhagen die haar lange haar opeens zat was,' fantaseert Antje. Waarop ik zeg dat er natuurlijk vrouwen zijn die hun lange haar kort willen laten knippen, maar dan ligt het op de vloer bij de kapper. Hoe komt het dan in het haarwerk terecht? Hebben kappers contact met haarwerkmakers? Jelte vraagt zich af wie voor het haar betaald krijgt, het meisje van drieëntwintig of de kapper. Loont het voor arme meisjes hun haar steeds te laten groeien en weer af te knippen? Een onderwerp dat zich uitstekend leent voor een gesprek tussen vier aangeschoten mensen. Ik heb me in tijden niet zo licht gevoeld.

De volgende dag rijd ik met een zwaar hoofd naar de Willem de Zwijgerlaan. Ruby is vannacht bij Laura blijven slapen en ik los haar om negen uur af zodat zij in haar eigen huis kan gaan werken. Ze is eindredacteur bij de VPRO maar hoeft zich sinds corona niet meer naar het Mediapark in Hilversum te begeven, wat ze geen straf vindt. Op kosten van de omroep schafte ze een grote comfortabele bureaustoel aan; ze kan haar werk, het begeleiden van documentairemakers, uitstekend vanuit huis doen.

Als ik het appartement van Laura binnenkom, hoor ik Kees al brabbelen in de huiskamer. Ruby is met haar nichtje in de box aan het spelen, ze vertelt dat Laura vannacht niet heeft kunnen slapen, ze ligt nog in bed. Terwijl ik een kopje koffie voor ons beiden zet, vertel ik dat Antje en Jelte gisteravond bij ons waren.

'En Antje had niet eens gezien dat ik een haarwerk draag!' zeg ik uitgelaten. 'Antje, de vrouw die altijd alles ziet!'

Ruby kijkt me meewarig aan en zegt: 'Dat is toch logisch mam, niemand ziet het als je het niet weet. We zouden toch in een rare wereld leven als we elkaars haar zouden wantrouwen.'

Rick de kapper

Sinds ik naar Rick ging was een kappersbezoek geen verplichte onderhoudsbeurt meer, maar een bezoek aan een vriend met wie het heerlijk bijpraten is. In zijn lichte ruime kapperszaak in Amsterdam-Zuid bleek de halve mediawereld over de vloer te komen. Zijn klantenkring bestond uit veel vrienden en bekenden, het was een wonder dat ik Rick zo laat had ontdekt. Nu eens zat ik naast Sacha de Boer, dan weer naast Dominique van der Heyde, Michiel van Erp of Rik van de Westelaken.

Dat die mensen daar kwamen was niet zo spannend, ik ontmoette hen ook wel beroepshalve. Het was de sfeer die de zaak van Rick zo aangenaam maakte. Op de grote eikenhouten Sav & Økse-tafel lagen mooie, actuele tijdschriften, er stond een schaal met glimmende groene appels en een karaf met water en verse munt. Afhankelijk van het tijdstip waarop je kwam, kreeg je cappuccino, frisdrank of witte wijn aangeboden. En Rick vroeg tijdens het knippen niet 'Ga je nog op vakantie?' maar 'Hoe gaat het op de krant?' of 'Hoe is het met de nieuwe vriend van Milou?' Want inmiddels waren de drie dochters ook vaste klant bij Rick. Sterker nog, inmiddels was Rick ook kind aan huis bij ons. Na een paar knipbeurten klikte het zo goed, dat ik vroeg of hij het leuk vond om op een feestje bij ons thuis te komen.

Zijn vriend Antois, een modeontwerper, en hij kwamen, zagen en overwonnen. Ze dansten met de drie dochters alsof ze de hoofdrol in *Saturday Night Fever* hadden, voerden diepgaande gesprekken met een vriend van een van de dochters die niet uit de kast durfde te komen, en vertrokken als laatsten, om vijf uur in de ochtend. Sinds die keer was de vriendschap met Rick en Antois beklonken.

Mijn vader zei vroeger dat het voordeel van een serviceclub, hij zat zelf eerst bij de Ronde Tafel en later bij de Rotary, was dat je zoveel mensen kende uit verschillende gremia. Of je nu een notaris, architect of radioloog nodig had, mijn vader had altijd wel een Rotaryriendje in die beroepsgroep. Mijn vriendenkring daarentegen was heel monomaan, bestond louter uit mensen uit de media en cultuur. Maar nu was ik bevriend met een kapper en daar was ik reuzeblij mee want die heb je, als het goed is, vaker nodig dan een notaris, architect of radioloog.

Voor het eerst van mijn leven keek ik uit naar een kappersbezoek. We praatten honderduit over gemeenschappelijke vrienden, de krant, de stad en mijn dochters. Rick voelde feilloos aan welke lengte en welke kleur mijn haar moest hebben. Ik vertrouwde hem mijn haar volledig toe want hij was jong, hip en had een heel goede smaak, wat ik allemaal niet van mezelf kon zeggen.

Als je het me vorig jaar gevraagd zou hebben, had ik gezegd dat ik tot in de eeuwigheid naar Rick de kapper zou gaan. Ik had geen notie dat er zoiets kon bestaan als een ziekte waarbij je je haar verloor.

Geheim

Ik denk altijd dat ik aan kanker zal overlijden. Niet dat ik een hypochonder ben maar ik heb één keer kanker gehad, en één keer bijna, dus die gedachte is niet uit de lucht gegrepen.

In april 2010 liet ik nietsvermoedend een moedervlek verwijderen die vanwege de standaardprocedure in het lab werd onderzocht. De dermatoloog vertelde me een week later dat het een melanoom was. Weer een week later werd er op brute wijze een groot stuk vlees uit mijn bovenarm gesneden, tot op het bot: 'We nemen zoveel mogelijk weg, zonder je functies te verminken, omdat we dan het beste kunnen zien of en tot waar het is uitgezaaid.' Nadat ik een week niet geslapen had van de zenuwen, meldde de dermatoloog opgeruimd dat er geen enkele uitzaaiing was gevonden. Op mijn vraag of ik onder controle moest blijven, zei ze: 'Nee hoor, één melanoom is geen melanoom.'

Hoewel ik nu mijn wenkbrauw zou optrekken bij deze opmerking, was ik toen louter opgelucht. Mijn baan bij *Het Parool* en het drukke thuisleven met drie pubers van veertien, zestien en achttien, drukten de gedachte aan het melanoom spoedig naar de achtergrond. Alleen wanneer ik een mouwloze jurk aanheb wijzen mensen me op het grove litteken en vragen wat er gebeurd is. 'Ach ja, een melanoom tien jaar geleden,' wuif ik de vraag altijd weg, waardoor meteen duidelijk is dat het mentaal geen sporen heeft nagelaten.

De tweede kennismaking met mijn eigen eindigheid was zeven jaar geleden, vlak nadat mijn moeder was overleden. Zij had darmkanker, net als mijn vader, die achttien jaar daarvoor was gestorven. De huisarts vond twee ouders met darmkanker reden om mij door te sturen naar de DC kliniek voor een colonscopie. Ook hier ging ik totaal onbezorgd in, ik had immers geen klachten en was nog maar zesenveertig jaar. Of ik een roesje wilde of niet, vroeg de verpleegkundige op de dag van het onderzoek. 'Als het kan, graag zonder roesje,' was mijn antwoord. Ik wil de dingen altijd graag bewust meemaken, al is het maar om erbij te zijn als iets niet pluis is.

Dat heb ik geweten. De camera zat nog niet in mijn bips, of na de eerste bocht door mijn darmen stuitte de maag-darm-leverarts al op een grote poliep. Ik zag op het scherm hoe een knijpertje de poliep probeerde te pakken, als een soort pacman. Hij hapte een paar keer mis, maar de vierde keer was het raak. De poliep zat in de bek van pacman en kon de terugweg door mijn darmen naar buiten aanvaarden.

Een week later zat ik tegenover diezelfde arts, die me vertelde dat de poliep geen kanker was, maar dat ze in het laboratorium hadden kunnen zien dat die zich wel tot kanker zou hebben ontwikkeld als-ie er lang was blijven zitten. Oftewel, hij was nu nog goedaardig, maar zou op termijn zonder meer kwaadaardig zijn geworden.

'Wat een mazzel,' was het eerste wat ik zei, 'dat mijn moeder darmkanker heeft gekregen.'

De arts antwoordde dat dat wel een heel positieve kijk op de zaak was.

'Maar moet ik dan bang zijn?' vroeg ik nu ernstig.

'Niet als je om de drie jaar een colonscopie laat doen, en op termijn om de vijf jaar. Dan zijn we er altijd op tijd bij.'

Het gevoel van opluchting er op tijd bij te zijn was vele malen groter dan de schrik dat ik darmkanker had kúnnen krijgen. Ik schudde de man de hand: 'Tot over drie jaar!'

Je zou zeggen dat ik blij moet zijn dat ik geen kanker heb, althans niet dat ik weet, maar slechts een auto-immuunziekte waarvan ik niet eens ziek word, waardoor alleen mijn haar uitvalt en waarmee ik heel oud kan worden. Ik zou een ondankbare hond zijn als ik die relativering niet op zou kunnen brengen. Door mijn serie voor *de Volkskrant* over doodgaan weet ik dat er een boel gruwelijke ziektes zijn, en dat alopecia daar beslist niet onder valt.

Waarom heb ik het er dan toch zo moeilijk mee, afgezien van het praktische ongemak van het haarwerk? Waar komt die schaamte vandaan?

In het boek *Nee heb je. Notities over ziek zijn* schrijft Renate Rubinstein hoe ze haar multiple sclerose angstvallig probeert te verbergen. Ze heeft de ziekte al zeven jaar als Adriaan van Dis het in zijn televisieprogramma graag met haar over haar ziekte wil hebben. Ze schiet daarvan in de paniek. 'Ik ben door mijn zwijgen zelf geïmponeerd geraakt, ik heb mijn eigen taboe gecreëerd,' schrijft ze.

De reden dat Rubinstein niet over haar ziekte wil praten vertelt ze aan Van Dis in een voorgesprek: 'Ik vind het geen onderwerp voor televisie, ik wil het niet, ik ga er niet op in, het is míjn onderwerp en ik laat het me niet afpakken, ik ben er niet voor de sensatie en misschien gaan wel honderd mensen of misschien zijn het er driehonderd, weet ik veel, in Enschede of Zwolle brieven schrijven, en dat wil ik niet.'

Verderop in haar boek schrijft Renate: 'Bovendien, net als iedereen heb ik een hekel aan het bevredigen van andermans nieuwsgierigheid. Ze roddelen achter je rug. Tot je dienst, laat ze de pestpokkentyfus krijgen. Liever ontken ik alles dan de mensen hun zin te geven.'

Met haar scherpe pen legt ze haar vinger op mijn zere plek. Ik wil niet dat mensen tegen elkaar zeggen: 'Heb je het al gehoord? Barbara van Beukering lijdt aan een auto-immuunziekte.' 'O ja?

Wat dan?' 'De naam is me even ontschoten, maar ze is er in ieder geval kaal door geworden en ze draagt nu een pruik.' Ik begrijp dat dat een sappige roddel is. Er is genoeg over mij geroddeld in mijn leven, over vermeende affaires en wat dies meer zij, en daardoor heb ik een dikke huid gekregen. Maar voor een roddel over mijn haarverlies is de huid op mijn schedel te dun.

En waar Renate bang was om meewarige brieven te ontvangen, moet ik er niet aan denken empathische mails en appjes te krijgen. Toch schrijft ze ook: 'Je moet de waarheid onder ogen zien. Je moet zelf uitvinden wat die waarheid eigenlijk is en er niet minder van maken, maar ook niet meer.' Ik vraag me af of ik de waarheid onder ogen zie, of alleen maar heel hard bezig ben die te verstoppen onder mijn haarwerk.

Renate Rubinstein laat zich uiteindelijk toch overhalen om er in Van Dis' programma over te praten: 'Hoe langer het zwijgen duurt, hoe moeilijker het wordt om het te verbreken. Laat Van Dis me maar over de drempel slepen, dan word ik wel gedwongen eindelijk dat boek te schrijven.'

Ik wil niet de rest van mijn leven met een geheim op mijn hoofd rondlopen, en ik wil me niet de rest van mijn leven schamen. Ook ik moet een drempel over, alleen weet ik niet hoe.

De verhuizing

Onze complete huisraad staat op straat. Het heeft iets kwetsbaars, je spullen daar zo naakt te zien staan. Gelukkig lopen er weinig mensen op straat, door de lockdown is er geen stedentripper te bekennen in dit meest toeristische deel van de stad. Nu maar hopen dat het niet gaat regenen. De verhuisploeg, bestaand uit een vriendin, neef Jelte, zijn ex-vrouw en hun twee zoons, zit na het sjouwen uit te puffen op het stenen trapje naar de voordeur. Ik heb net verse broodjes en sapjes voor ze gehaald bij het winkeltje op de hoek.

Omdat Thomas vanavond een afscheidsborrel heeft van zijn werk als huismeester, moeten we nog een nachtje in Amsterdam slapen. Ruby bood haar appartement om de hoek in de Oude Hoogstraat aan, maar wat Thomas niet weet is dat ik een verrassingsplannetje heb gesmeed.

Ik ben vorige week binnengewandeld bij het Radisson Blue tegenover ons huis. Normaal kost een overnachting in het chique hotel minstens tweehonderdvijftig euro per nacht, nu maar vijfenzeventig. Ik heb een kamer geboekt op eenhoog zodat we pal tegenover ons toekomstige oude huis bivakkeren.

Vier uur later dan afgesproken komt een kleine vrachtwagen de gracht op rijden. De chauffeur begint zich te verontschuldigen zodra hij uitstapt: het is niet te doen in zijn eentje, de vorige klant had de spullen allemaal nog binnen staan, verspreid door het huis, daar zijn wij nu de dupe van. Ik vraag me af of het bedrijf waarvoor hij werkt niet iets pragmatischer met de coronaregels om kan gaan, maar houd die opmerking voor me. Met vereende krachten worden al onze spullen in verschillende kooien in de vrachtwagen gepuzzeld en na drie kwartier zwaaien Thomas en ik ons bezit voor onbepaalde tijd uit.

Thomas wil rechtstreeks naar zijn afscheidsborrel op het Marie Heinekenplein gaan, maar ik vertel hem dat zijn nette kleren in het koffertje zitten en dat hij zich eerst moet omkleden.

Als we samen met het rolkoffertje, voor het eerst waan ik me toerist in eigen stad, over de gracht wandelen, zeg ik tegen Thomas dat we niet rechtdoor moeten naar het huis van Ruby, maar linksaf Rusland in, het zijstraatje waar de hoofdingang van het hotel zich bevindt. Even later staan we met mondkapjes op in een uitgestorven hotellobby. Thomas is in jubelstemming vanwege de verrassing, helemaal nadat ik hem heb ingefluisterd wat de kamer kostte. Er staat een gemondkapte mevrouw achter de receptie die de indruk wekt dat wij de eerste mensen zijn die ze in dagen heeft gezien. Ze geeft ons de sleutel van onze kamer en wijst erop dat het restaurant tot acht uur open is. We kunnen ook gebruikmaken van de roomservice: als we de bestelling doorbellen, wordt deze op de grond voor onze deur neergezet.

De kamer is mooier dan ik die kleine drie jaar dat we ertegenover woonden vermoedde. En ons huis is ook mooier vanuit dit perspectief dan vanaf de straat bekeken. Terwijl Thomas zich in de badkamer snel aan het omkleden is, laat ik me op het bed ploffen en bestel een biertje en een schaaltje nootjes. Ik mag niet mee naar Thomas' afscheid vanwege het maximaal toegestane aantal mensen, en dat vind ik op dit moment helemaal niet erg.

Thomas is net een half uurtje weg als Ruby appt: 'Mam, kan ik even langskomen, ik moet je iets vertellen.' Binnen vijf minuten stormt ze de kamer binnen.

'Voordat je van wal steekt,' zeg ik, 'moet je eerst zeggen wat je wil drinken, dan bel ik de roomservice.' Als ik twee biertjes heb doorgebeld, barst ze los.

'Mam, Tom heeft Lukas in de Etos gezien met een meisje. Lukas heeft gewoon een ander, ik wist het!'

Ik zeg dat winkelen met een meisje nog niet per se inhoudt dat je iets met een meisje hebt. Dat is Ruby met me eens maar ze zegt dat ze het toch niet helemaal vertrouwt. Lukas heeft maar één goede vriendin, en voor de rest alleen maar vrienden. En Tom weet zeker dat het niet die vriendin was.

'Dus is het een ander meisje dat we helemaal niet kennen, dat is toch raar?'

Ik moet toegeven dat het niet des Lukas, is om met een willekeurig meisje naar de drogist te gaan, maar toch vind ik het geen heterdaad. Ik vraag of ze het Laura heeft verteld. Nee, dat durfde Ruby niet, ze is bang dat Laura gek wordt als ze het hoort. Ik vind dat we meer bewijs moeten verzamelen voor Laura het te horen krijgt en als het waar is, moet Lukas het haar zelf vertellen.

We praten nog twee uur door over het onderwerp en leggen allerlei mogelijke scenario's aan elkaar voor. We zijn het erover eens dat de eerste man nog geboren moet worden die een harmonieuze relatie verbreekt en zijn baby van vijf maanden verlaat zonder dat er een ander in het spel is.

Om acht uur, Ruby is net weg, komt Thomas binnen. Toen vorig jaar over zijn afscheid werd gesproken, opperde men nog om het restaurant beneden het appartementencomplex af te huren. Vanwege corona was nu alleen het bestuur van vier man aanwezig om Thomas uitgeleide te doen. En omdat de horeca gesloten is, werd het borreltje in de ongezellige hal van het gebouw gehouden. De vrouw van een bestuurslid had wat hapjes gemaakt, de voorzitter sprak een klein woordje. Ik vraag Thomas of hij erg teleurgesteld is.

'Welnee,' zegt hij, 'er zijn veel belangrijker zaken die niet door kunnen gaan. Bovendien hebben ze onder de bewoners geld ingezameld waarmee ik een elektrische fiets kan kopen.' Dan wijst hij naar de zeven lege bierglazen. 'Bezoek gehad?'

Ik vertel dat Ruby is langs geweest en dat Tom Lukas in de Etos heeft gespot met een meisje waardoor we hem ervan verdenken een ander te hebben.

'Als dat waar is breek ik zijn benen,' is Thomas' reactie, 'en ik knip zijn lange haar ook af.'

Boodschappen

Ik sta in een rij bij de kassa van de Jumbo in Sint Nyk, een dorp verderop, want de supermarkt in ons eigen dorp is van november tot april gesloten. De juffrouw achter de kassa zit achter een doorzichtig plastic scherm, met een mondkapje voor haar mond en neus. De mensen in de rij, keurig met anderhalve meter ertussen, dragen allemaal een mondkapje want dat is sinds 1 december verplicht. In de lente meldden Rutte cum suis nog nadrukkelijk dat een mondkapje geen enkele bescherming tegen corona bood. Naarmate omringende landen de mondkapjesplicht invoerden, werd het steeds minder aannemelijk dat het in ons land geen effect zou hebben. Met ingang van 1 juni was het mondkapje al verplicht in het openbaar vervoer, nu moeten we het overal dragen; in winkels, musea, middelbare scholen en theaters. Ik heb een mondkapje van stof in Burberry-print aangeschaft, want als het dan toch moet, kun je het net zo goed als een accessoire beschouwen.

Terwijl ik de levensmiddelen op de zwarte band leg, krijg ik het warm. Ik buig voorover, pak een artikel uit het winkelwagentje, en leg het op de rollende band, en herhaal die beweging talloze malen. Als alle spullen liggen opgestapeld, snel ik me met mijn lege karretje naar de andere kant van de kassa. De gescande artikelen stop ik in twee grote rode shoppers die ik open in het wagentje heb gezet. Het zweet prikt onder mijn haarwerk, door het mondkapje krijg ik bijna geen lucht. Op het moment dat mijn bril begint te beslaan, voel ik pas dat mijn hoofd aan alle kanten gevangen is.

'Húnderttritich euro asjebleaft,' zegt de kassière. Ik pak mijn telefoon en houd die gewoontegetrouw voor mijn gezicht. Face ID herkent mijn gezicht niet, natuurlijk niet, en er staat: betaal met toegangscode. De rij achter mij is eindeloos, en terwijl ik de toegangscode intoets voel ik een opvlieger opkomen. Het zweet gutst op mijn bovenlip en op mijn schedel. Ik krijg een enorme aanval van claustrofobie. Op de vraag of ik ook zegels wil, geef ik niet eens fatsoenlijk antwoord, ik ren achter mijn kar de deur uit.

Als ik in de auto zit, ruk ik mijn bril en mondkapje af. Het haarwerk zou ik ook het liefst afrukken maar dat kan niet, je weet nooit wie ik onderweg naar huis tegenkom. Ik zet de airco aan en de ramen wijd open en haal diep adem terwijl ik tachtig rijd op een plattelandsweggetje waar je maximaal vijftig mag rijden.

Als ik de voordeur achter me heb dichtgeslagen, smijt ik mijn haarwerk in een hoek van de hal. Thomas komt bezorgd uit de huiskamer om te vragen wat er is. Verbeten antwoord ik: 'Niks. Er is helemaal niks. Alleen moet jij voortaan boodschappen doen.'

Kerst

Niemand wil kerst vieren dit jaar. Eigenlijk mag het ook niet want het maximaal toegestane aantal personen dat je thuis mag ontvangen is drie. Volgens onze overheid kun je met wat creativiteit de feestdagen toch bij elkaar zijn. Bijvoorbeeld door in kleine groepjes bij elkaar te komen, of met een digitale verbinding samen te eten. Tjongejonge, wat een vindingrijkheid.

Ik ben geenszins van plan me aan die regels te houden, ons gezin bestaat uit zes personen, met twee aanhang en twee kleinkinderen en ik wil dat ze allemaal komen. Laura meldt dat ze dit jaar geen kerst wil vieren, ze is daar te ongelukkig voor, ze wil met Kees in Amsterdam blijven. Jasper laat weten dat Katinka dermate depressief is dat ze niet kunnen toezeggen of ze komen. Ik laat beide kinderen weten dat mijn pet en mijn haarwerk er verdomme ook niet naar staan, maar dat dat juist een reden is om bij elkaar te komen. We moeten elkaar vasthouden en ook al zit iedereen aan het kerstdiner te huilen, dat zij dan zo, maar dan huilen we tenminste wel samen.

Jasper, inmiddels een doorgewinterde coronamanager, blijkt ook moeite te hebben met het overtreden van de regels: 'Ik ga de boete echt niet betalen.' Ik zeg hem dat hij de bekeuring niet hoeft te betalen, dat we hier *in the middle of nowhere* wonen, en dat ik de verantwoordelijkheid op me neem. Schoorvoetend gaat hij akkoord met de mededeling dat hij zijn auto wel honderd meter verderop parkeert want zo veel auto's op onze oprit is vragen om moeilijkheden.

Ik heb voor Kees in een tweedehandswinkeltje een rood-met-wit kerstjurkje gekocht en trek het haar meteen aan nadat ze zijn gearriveerd. Staat haar snoezig. Ik zet haar onder de kerstboom – ze kan sinds een paar weken zitten – en maak een paar foto's van ons prachtige kerstkleinkindje. De kinderen zitten allemaal aan de gedekte tafel, niemand heeft feestkleding aan, behalve ik. Het kerstdiner bestaat dit jaar ook niet uit de gebruikelijke acht gangen, op verzoek van Laura is het teruggebracht naar drie. Ruby heeft de hele middag in de keuken gestaan om een citroenricottalasagne van Ottolenghi te maken, Milou heeft kaasjes van de beste kaaswinkel in Amsterdam meegenomen en ikzelf heb een garnalenbisque gemaakt.

Jesse pakt de cadeautjes die ik de afgelopen dagen heb verzameld onder de kerstboom vandaan. Hij loopt er steeds mee naar zijn vader om te vragen wiens naam erop staat en geeft het cadeautje aan het juiste familielid. De kleinigheidjes worden uitgepakt en de Kerstman wordt door iedereen beleefd bedankt. Alleen Jesse zelf is door het dolle heen als zijn cadeau het hoofdkwartier van Paw Patrol blijkt te zijn. Hij mag er tot zijn grote vreugde meteen mee spelen.

Als de kleinkinderen in bed liggen, serveert Ruby in een grote ovenschaal het hoofdgerecht. Iedereen vindt het heerlijk. We doen allemaal ons uiterste best om vrolijk te zijn, maar alle kerstverlichting ten spijt blijft de stemming grauw en grijs.

'Dit jaar maar geen rondje persoonlijke hoogte- en dieptepunten doen hè?' vraag ik voorzichtig.

'Lijkt me niet verstandig,' zegt Ruby terwijl ze naar Laura en Katinka knikt. Ik zeg dat het niet erg is om het een jaartje over te slaan.

'Ik wil het liefst na het eten op de bank een Disneyfilm kijken,' zegt Laura. Ik kijk naar haar kleine droevige gezicht, en bedwing met moeite mijn tranen. Als klein meisje was ze verslingerd aan Disneyfilms. Wij hadden twee planken vol VHS-banden en duizenden uren keken we met de drie dochters naar *De kleine zeemeermin*, *De Aristokatten*, *Bambi* en *Pinokkio*. Dat deze volwassen vrouw van zevenentwintig, met een kind en een restaurant, graag een Disneyfilm wil kijken, ontroert me.

Milou serveert de kaasplank op de salontafel in de huiskamer. Thomas en onze grote volwassen kinderen zit liggen allemaal op de bank met dekens over zich heen en kijken naar *Sneeuwwitje*. Ik loop naar boven, doe mijn haarwerk af, drapeer het over het zwarte hoofd in de kast en zet een wollen muts op. Even later kruip ik in een grote grijze joggingbroek tussen mijn kinderen op de bank.

Max Nods

Max Nods heet de voorzitter van de Alopecia Vereniging. Nods, Nods, waar heb ik die naam eerder gehoord? Als ik Nods googel weet ik het weer: Waldemar Nods! Hij was Sonny Boy, over wie Annejet van der Zijl een biografie schreef; een boek over de liefde tussen Rika, gescheiden moeder van vier kinderen, en een Surinaamse jongen van zeventien. Ze kregen samen een zoontje, Waldemar, die ze de bijnaam Sonny Boy gaven. Als ik naar beneden scrol zie ik dat Max Nods de zoon is van Sonny Boy.

Ik stuur Max Nods een mailtje met de vraag of ik hem een keer zou mogen spreken. Ik heb in toenemende mate behoefte om over de ziekte te praten, en het lijkt me fijn dat met een deskundige te doen. Max reageert onmiddellijk. Ik wist al door zijn vaste bijdrage in *Alopecia Magazine* dat hij zelf ook aan de ziekte lijdt. Niet door het fototje dat erbij geplaatst is – tenslotte zijn er genoeg kale mannen zonder alopecia – maar door de tekst onder zijn naam: Max Nods (63) is voorzitter sinds 2017. Op 45-jarige leeftijd werd de diagnose alopecia areata gesteld.

Max is een waterbouwkundig ingenieur die veel in Afrika werkt, maar zich naast zijn drukke baan al zeven jaar inzet voor de vereniging en alles van de ziekte weet. Op mijn vraag hoeveel mensen er aan alopecia lijden, antwoordt hij: 'Als je de literatuur erop naslaat dan krijgt 1,7 tot 2% van de bevolking vroeg of laat in meer of mindere mate te maken met alopecia. Dat is een heel hoog getal, maar in de meeste van die gevallen is het een tijdelijk fenomeen. Het komt, en gaat vanzelf weer weg. Bij twintig procent is het heftiger.'

Als ik vraag over hoeveel mensen we het dan hebben, pakt Max zijn rekenmachientje erbij: 'Een kleine driehonderdduizend mensen heeft alopecia. Neem hiervan twintig procent, dan zitten we in Nederland op 55 à 60.000 mensen die het in ernstige mate hebben. Evenveel mannen als vrouwen, het gaat dwars door etnische groepen heen, en het komt op de hele wereld voor.'

Is de oorzaak eigenlijk bekend? Genetische factoren spelen een rol. Er zit als het ware een sluipmoordenaartje ergens in je genen, waardoor je het kunt krijgen. Maar het zijn andere factoren die bepalen wanneer je het krijgt. Dat kan leeftijd zijn, zelfs een inenting, of dat kan stress zijn. En er zijn ook indicatoren dat je biologische klok van invloed is. Onder piloten blijkt significant een hoger percentage alopecia voor te komen. Waardoor het gen exact getriggerd wordt, is niet goed te zeggen. Het is een ongrijpbare en grillige ziekte.

Is er dan helemaal niets aan te doen? Volgens Max zit er een medicijn aan te komen, de zogenoemde JAK-remmers. In Duitsland en Engeland wordt het al gebruikt en bij vijftig procent van de alopecia-patiënten heeft het een positief effect. Het wachten is op de goedkeuring voor Nederland en op de prijs, want farmaceuten kunnen er zomaar twintigduizend euro per patiënt van maken. Max maakt er nog een kanttekening bij: 'Geen enkel medicijn is zonder bijwerkingen en je zal het wel je hele leven moeten slikken.' Alle mitsen en maren ten spijt, maakt mijn hart toch een klein sprongetje. Er gloort tenminste een klein hoopje aan de horizon.

Ik beken Max dat ik maar aan weinig mensen heb verteld dat ik alopecia heb, en dat ik al bijna een jaar met een geheim rondloop. Max reageert allesbehalve verbaasd: 'Alopecia is een ziekte die heel vaak verborgen blijft. Het blad dat we uitgeven, *Alopecia*

Magazine, werd altijd bezorgd in een witte enveloppe. Op een gegeven moment zei de drukker dat ze om kosten te besparen overgingen op plasticfolie. Enorme consternatie onder de leden, een aantal abonnees zegden zelfs hun abonnement op. Mensen die het haarwerk pas afzetten als alle gordijnen dicht zijn, sloegen op tilt vanwege het feit dat *Alopecia Magazine* zichtbaar op de deurmat was gevallen.'

Ik zeg tegen Max dat het magazine bij mij thuis ook niet in de tijdschriftenmand ligt, maar dat ik het diep onder in een bureaulade heb verstopt. Hoe komt het nou dat mensen zich zo schamen? Waarom heb ik, die door mijn interviewserie over sterven heus wel weet dat er veel ergere ziektes zijn dan alopecia, het er zo moeilijk mee? Komt dat doordat ik erg ijdel ben?

'Je moet werken aan een nieuwe identiteit,' weet Max. 'Wij hebben onlangs een onderzoek laten doen naar de *burden of disease*, zoals dat wordt genoemd, oftewel ziektelast, en dat kun je meten. Dat rapport bevestigt dat de ziektelast van alopecia erg hoog kan zijn, en dat patiënten vaak bij een psycholoog terechtkomen Voor ons is dat belangrijk omdat we met feiten hard kunnen maken dat het geen cosmetische aandoening is. Wij strijden niet alleen voor de goedkeuring van de medicijnen, maar ook voor de vergoeding van haarwerken. Een haarwerk kost tussen de duizend en de vierduizend euro en de basisverzekering vergoedt maar vierhonderdvijftig, dat staat niet in verhouding tot elkaar. Terwijl het een medisch hulpmiddel is dat – net als protheses bij andere ziektes – vergoed zou moeten worden. Zo'n ziektelastbepaling helpt daarbij.'

Ik zeg dat ik nieuwsgierig ben naar het rapport, maar Max vertelt dat ze wachten op de wetenschappelijke publicatie, en daarvóór mag ik het nog niet lezen. Als ik hem bedank voor het plezierige onderhoud, vraagt hij me of ik niet als vrijwilliger bij de Alopecia Vereniging wil komen werken. Ik antwoord dat we onlangs zijn verhuisd naar een dorp en ik me met het oog op onze integratie net als vrijwilliger heb opgegeven voor de redactie van het dorpsblad. Maar ik zal het in mijn achterhoofd houden.

Betrapt

'Hij is op heterdaad betrapt!' schreeuwt Ruby door de telefoon. 'We hebben het bewijs! Ik wist het, ik wist het!'

'Rustig, lieverd,' zeg ik. 'Vertel wat er gebeurd is.'

Ruby heeft een goede vriendin, Louise, die tegenover Bob in het oude centrum van Amsterdam woont. Vanuit haar keukenraam heeft de vriendin volop zicht op het huis en natuurlijk heeft ze Lukas daar de afgelopen maand dikwijls naar binnen en buiten zien gaan. Het was haar opgevallen dat er met regelmaat een meisje over de vloer kwam dat niet de vriendin van Bob was, want die kende ze wel, en ook niet iemand die daar voorheen vaker kwam. Ze had haar vermoedens, want ze wist van Ruby dat Lukas al een poos bij Bob logeerde om na te denken over zijn relatie. Louise wilde geen slapende honden wakker maken. Maar toen ze gisteravond uit haar raam keek, zag ze Lukas en het meisje langdurig zoenen voor de deur.

Dit was het moment dat Louise besloot Ruby in te lichten, als goede vriendin kon ze dit niet voor zich houden. Ruby was er vervolgens na wat speurwerk op social media achter gekomen dat het een collega van Lukas is. Ik ben eerlijk gezegd niet verbaasd, er *moest* een ander in het spel zijn, en het feit dat het een collega is, is ook niet verwonderlijk. Maar het is de vraag wat we met deze informatie doen. Ruby zegt gedecideerd dat ze nu naar Laura gaat om het te vertellen, ze heeft geen zin om contact met Lukas op te nemen. Ze denkt ook dat deze informatie haar zusje helpt te begrijpen waarom Lukas haar heeft verlaten, tot nu toe tastte ze volkomen in het duister.

Drie uur later belt ze weer. Onmiddellijk nadat Ruby het haar verteld had, is Laura naar Lukas toe gereden. Hij gaf het meteen toe.

'En het gekke is,' zegt Ruby, 'dat hij wist dat hij door Louise betrapt was want hij had haar in de keuken zien staan. Hij had het gewoon laten gebeuren omdat we er "anders toch wel achter zouden komen". Hij zei dat het nog heel pril was, dat de flirt was begonnen nadat hij het met Laura had uitgemaakt en dat het niets met de beslissing te maken had om haar en Kees te verlaten.'

Na het gesprek met Ruby bel ik Laura. Ze huilt zo hartverscheurend dat ik haar bijna niet kan verstaan. 'Hij heeft een ander, mam, Lukas heeft een ander!'

Ik vraag of deze onthulling niet helpt te begrijpen waarom hij is weggegaan, waarop Laura zegt dat dit het er alleen maar veel erger op maakt: 'Een nachtmerrie! Hoe kán hij mij dit nou aandoen, wat heb ik verkeerd gedaan?'

Haar pijn snijdt door mijn ziel, heb me nog nooit zo machteloos gevoeld. Ik adviseer Laura om een afspraak met een psycholoog te maken. Ze kan dit onmogelijk op eigen houtje verwerken.

Victoria Hotel

Mijn vriendin Maartje uit Berlijn is voor de kerst met haar gezin een weekje in Nederland en Aimée, mijn andere vriendin, en ik willen graag met haar afspreken. Maar waar is de grote vraag. Alle restaurants zijn dicht, Friesland is te ver weg, en Aimée heeft een man en kind thuis. Ik opper dat we in een hotel kunnen eten.

'Maar de hotel-restaurants gaan al om acht uur dicht,' werpt Aimée er via WhatsApp tegenin.

'Weet je wat? We reserveren een kamer!' appt Maartje, 'en dan nemen we eten mee en blijven er ook met z'n drietjes slapen. Hoe knus is dat?'

We vinden het alle drie een puik plan en ik reserveer voor een schijntje een grote kamer in het Victoria Hotel met uitzicht op het Centraal Station, het hotel uit mijn lievelingsboek, *Publieke Werken* van Thomas Rosenboom. Over de vioolbouwer die in de krant leest dat zijn huis aan de Prins Hendrikkade moet wijken voor de bouw van het Victoria Hotel. Altijd graag een keer willen logeren. We verdelen de taken: ik zorg voor goede wijn, Maartje neemt lekkere kazen mee en Aimée zorgt voor borrelhapjes.

Als we elkaar treffen in de lounge van het chique hotel, beginnen beide vriendinnen te jubelen over mijn haarwerk dat ze tot nu toe alleen op Instagram hadden gezien. Gelukkig zijn ze discreet: 'O, wat zit je haar goed, wat is het mooi!', en toch voel ik me hoogst opgelaten en ben ik blij als we even later de deur van de hotelkamer achter ons kunnen dichtdoen.

De kamer is ontzettend groot, het uitzicht op het mooie stationsgebouw is prachtig. Midden in de ruimte staat pontificaal een eettafel met drie stoelen, de tafel is gedekt met borden, bestek, wijnglazen en linnen servetten. Het wekt de suggestie alsof we gaan dineren in plaats van uitgebreid borrelen, maar dat hindert niet. Naast een tweepersoonsbed staat in de kamer ook een slaapbank die al is uitgeklapt en opgemaakt.

'Ik wil daar graag slapen,' zeg ik wijzend op de slaapbank, en dat vinden mijn vriendinnen prima. Ik heb al bedacht dat ik als laatste naar bed ga. Dan wacht ik eerst tot zij in bed liggen en als ik het licht heb uitgedaan, ga ik naar de badkamer waar ik mijn haarwerk afdoe en in een tasje onder de wastafel stop. Dan sluip ik in het donker naar de slaapbank zodat ze mijn hoofd vol kale plekken niet zien. Ik weet best dat ze dat niet erg zouden vinden, maar ik vind het wel erg en wil ze het beeld van mijn verminkte hoofd besparen.

De avond loopt heel anders. We zetten het enorm op een zuipen, alsof ons leven ervan afhangt. We hebben elkaar zoveel te vertellen dat we de tijd compleet verliezen. Het is heel lang negen uur, en dan is het opeens half vier. We kunnen nauwelijks meer op onze benen staan, en ik val met lenzen in mijn ogen en het haarwerk op mijn hoofd op de slaapbank in slaap. 's Nachts hoor ik een paar keer iemand overgeven op het toilet.

Tessa

Op een koude januariochtend zitten Thomas en ik in de auto op weg naar Zuid-Holland. Achter in de auto staat een bench met kleedjes en knuffels waarin onze puppy op de terugweg zal liggen. We zijn een beetje nerveus voor de terugreis want het hondje zal – bruut bij haar moeder vandaan gehaald – meteen een reis van drie uur in de auto moeten maken. Op de radio klinkt de vertrouwde stem van Frits Spits, hij presenteert mijn favoriete programma *De Taalstaat*. Ik wil ernaar luisteren, maar kan niet voorkomen dat mijn gedachten afdwalen.

Het was 7 september 1976 toen op mijn tiende verjaardag mijn grootste wens in vervulling ging. Sinds ik kon schrijven prijkte het woord 'hond' bovenaan mijn verlanglijstje. Mijn moeder had een hekel aan honden en stak dat niet onder stoelen of banken. Bovendien hadden we een kat, Beukie, en honden gaan nu eenmaal niet samen met katten, zei ze altijd gedecideerd.

Toen de hond van vrienden van mijn ouders, een Friese Wetterhoun, een nest had gekregen, zeurde ik dagelijks of we bij hen op bezoek konden gaan. De vier donkerbruine puppy's zagen eruit als kleine beertjes en waren de schattigste hondjes die ik ooit had gezien. Wat ik niet wist was dat mijn vader in het geniep met zijn vriend had afgesproken dat wij een van de hondjes zouden krijgen. En zo kreeg ik op mijn tiende verjaardag een klein donkerbruin hondje met een krullende vacht. Ik noemde haar Tessa, en zei tegen mijn ouders dat het de mooiste dag uit mijn leven was.

Toen Tessa een jaar oud was, verschenen er opeens kale plekken in haar dikke bruine vacht. De dierenarts constateerde schurft en we kregen een vette stinkzalf mee waarmee ik drie keer per dag de kale plekken moest insmeren. Ik deed het gedisciplineerd in de hoop dat het haar snel weer zou groeien. Aanvankelijk kreeg ik alleen maar complimentjes als ik met haar op straat liep, maar nu vroegen de mensen wat voor ziekte ze had. Ik smeerde en smeerde, maar het hielp nauwelijks. Ik besef nu pas, na meer dan veertig jaar, dat ze ook een vorm van alopecia had. Hoewel ik niet minder van haar hield, schaamde ik me voor mijn hond omdat de kale plekken er vies uitzagen en ze naar die zalf stonk.

De dag voor kerst pakte ik met mijn moeder mijn koffer in, we zouden een weekje met de familie naar een huisje in Simpelveld, Limburg, gaan. Mijn vader was nog op zijn werk, Michiel was bij een vriendje spelen en Paul was beneden.

Opeens hoorden we een keiharde schreeuw. Vliegensvlug gleed ik de ronde houten trap af en in de hal beneden zag ik Paul met zijn hand voor zijn gezicht staan. ‘Wat is er gebeurd?’ vroeg ik. Op dat moment liet Paul zijn hand langzaam zakken. Ik zag behalve heel veel bloed ook dat zijn bovenlip en een deel van zijn neus weg waren. ‘Mamaaaaaaa!’ gilde ik, terwijl mijn moeder al halverwege de trap was.

Mijn moeder zag in één oogopslag dat Paul gebeten was door de hond en rende naar de keuken om een theedoek te pakken. Ze zei rustig dat Paul zijn hand, waarin zijn bovenlip en neusvleugel lagen, tegen zijn wond moest drukken. Ze stopte de theedoek in zijn andere hand en beval die ertegenaan te houden. Toen wendde ze zich tot mij: ‘Bar, bel het ziekenhuis dat ik eraan kom en bel papa op zijn werk dat hij naar het ziekenhuis komt. Daarna bel je omi dat ze hierheen moet komen om op jou en Michiel te passen.’ Ze dirigeerde Paul vervolgens in haar rode Fiat en reed met gierende banden weg.

De volgende dag reden Michiel en ik met omi naar het vakantiehuisje waar we de rest van de familie zouden treffen. Mijn ouders waren die nacht niet meer thuisgekomen omdat ze in het ziekenhuis waren gebleven bij mijn broertje dat acht uur lang was geopereerd. Het bleek zo'n precisiewerk te zijn om neusvleugel en mondhoeken weer goed aan te hechten dat de chirurg het drie keer opnieuw had gedaan.

Toen we vier dagen in Simpelveld waren, belde Paul zelf vanuit het ziekenhuis waar hij een week moest blijven. Ik kon hem nauwelijks verstaan, maar ik begreep dat het goed ging en dat de zusters op de kinderafdeling heel lief waren. Hij vertelde ook nog iets over een kerstboom op de zaal en dat hij cadeautjes van de Kerstman had gekregen.

Toen zei hij opeens: 'Tessa is gister doodgemaakt door de dierenarts.' Ik dacht dat ik het niet goed verstond dus ik vroeg wat er met Tessa was. 'Ze is dood,' herhaalde hij.

'Neeee!' schreeuwde ik. Op dat moment nam mijn moeder, die naast het ziekenhuisbed zat, de telefoon van Paul over.

'Lieverd, het was niet de bedoeling dat je dit nu al zou horen.' Ik wilde weten of het waar was.

'Ja, schat, het moest. Als een hond een mens zo ernstig bijt, moet hij worden afgemaakt.'

'Maar het was *mijn* hond!' riep ik. 'Ze zou mij nooit bijten! Het komt door Paul, hij speelde altijd veel te wild met haar!'

'We hebben het de dierenarts gevraagd,' ging mijn moeder kalm verder, 'en zij zei dat het niet Pauls schuld is. Waarschijnlijk kwam Tessa uit een doorgefokt nest, de kans is groot dat de schurft er ook mee te maken had. Ze heeft een spuitje gehad en is heel rustig ingeslapen, ze heeft er niks van gemerkt.'

Ik was woedend op mijn ouders én op mijn broertje. En ook woedend op mijn oma die me ontvoerd had naar een vakantiepark driehonderd kilometer van huis, zodat ik geen afscheid had kunnen nemen van mijn hondje.

Het duurde vijf jaar voordat alle spieren in het gezicht van mijn broertje weer werkten, en veertig jaar – tot het moment dat ik mijn zeven weken oude hondje voor het eerst in mijn armen houd – voordat ik van dit jeugdtrauma ben verlost.

We stoppen Lobke niet in de bench, Thomas houdt haar de hele weg naar Friesland op schoot. Terwijl ik rijd kan ik mijn ogen nauwelijks van het kleine pagehondje afhouden, weer net zo gelukkig als op mijn tiende verjaardag.

Dons

'Waarom scheer je je hoofd niet kaal?'

Ik lig op de shiatsumat bij Anneke die eens in de twee weken mijn ledematen uit elkaar trekt. Zij is naast Thomas de enige die regelmatig mijn hoofd met kale plekken en slierten haar ziet. Ze heeft heel attent een pruikenhoofd aangeschaft dat in de vensterbank van de massagekamer staat. Als ik binnenkom drapeer ik als eerste mijn haarwerk op dat hoofd en leg mijn AppleWatch ernaast. Vervolgens ga ik op het grote vierkante matras op de grond liggen en dan begint Anneke een uur lang aan mijn armen en benen te duwen en te trekken.

Het hoofd is het laatste onderdeel van de massage. Ze zit achter me en pakt mijn hoofd met beide handen vast. Draait het heen en weer. Dit is het moment waarop ik haar de vraag hoor stellen. De vraag die ik mezelf ook al vaak heb gesteld omdat ik weet dat die slierten geen doel dienen.

'Ik vind het zo definitief,' antwoord ik met mijn ogen dicht. 'Bij mij groeit het waarschijnlijk niet meer aan zoals bij mensen die door een chemokuur kaal zijn geworden. En ik ben ook bang dat ik er met een kaal hoofd ziek uit zal zien.'

'Nu ziet het er juist ziek uit,' vindt Anneke. 'Ik denk dat een kaal hoofd je juist heel goed zal staan want je hebt een mooi gezicht met grote ogen.'

In gedachten probeer ik mezelf te visualiseren met een kaal hoofd, maar het wil met de beste wil van de wereld geen mooi plaatje worden.

'Het lijkt me trouwens ook helemaal niet fijn voor je dat onder je pruik nog slierten haar zitten,' vervolgt Anneke. 'Dat moet toch zweten en kriebelen?' Natuurlijk heeft ze daar gelijk in.

'En bovendien, wie ziet je nou zonder pruik?'

'Alleen jij en mijn man,' geef ik toe. Ik zeg dat ik de moed zal verzamelen om het te doen.

Als ik 's avonds Thomas verslag doe van mijn gesprek met Anneke, zegt hij: 'Hè, hè, hoe vaak heb ik niet gezegd dat je je hoofd veel beter kaal kunt scheren? Maar kennelijk luister je wel naar een shiatsutherapeut en niet naar mij.' Ik zeg dat hij niet flauw moet doen, dat het voor mij een heel emotionele stap is.

'Dat snap ik. Maar laat me dan nu de tondeuse halen, dan doen we het meteen.' Hij had me net zo goed een klap in mijn gezicht kunnen geven.

'Tondeuse? Nu? Nee, echt niet! En ik wil ook niet dat jij het doet, dat maakt het nog moeilijker voor mij, als jij mijn laatste restje vrouwelijkheid afscheert.'

Thomas kijkt me meewarig aan: 'Jij blijft voor mij altijd de mooiste en de aantrekkelijkste vrouw die er bestaat.'

'Ik ga het de kapper vragen,' zeg ik resoluut.

'Je kunt Rick toch niet vragen om helemaal naar Friesland te rijden om je kaal te scheren?' 'Ik ga het de kapster uit het dorp vragen.'

Sjoukje heet ze. Haar schoonzoon is de nieuwe eigenaar van restaurant 't Jagertje en ik sprak haar op de opening, vlak voor de eerste lockdown. Ik vind haar telefoonnummer in het Dorpsblad en stuur een appje: Ha Sjoukje, ik heb een vraagje. Knip jij ook weleens bij mensen thuis? Ik heb alopecia (wat bijna niemand weet) waardoor ik liever niet naar je salon wil komen. Groet, Barbara.

Sjoukje laat snel weten dat ze dat graag doet. Ze snapt heel goed dat ik liever niet met anderen in een salon wil zitten.

Drie dagen later fietst ze ons erf op. Ik heb aan Thomas gevraagd of hij het hondje wil uitlaten, ik wil hem er niet bij hebben. Sjoukje stapt met een mandje aan haar arm opgewekt het huis binnen. Ze is zelf in het bezit van een prachtige bos lang rood haar.

'Goh, wat wonen jullie mooi,' zegt ze terwijl ze uit het raam naar de Langweerder Wielen kijkt. Ondertussen pakt ze een etui met scharen, een kam, twee borstels en een föhn uit haar mandje.

'Die föhn is niet nodig hoor,' zeg ik. 'Ik wil je vragen of je me kaal wilt scheren.'

'Meen je dat nou?' vraagt Sjoukje ernstig. 'Is het al zo erg?'

'Ik zal het je laten zien,' zeg ik, terwijl ik met beide handen in één beweging van achter naar voor het haarwerk van mijn hoofd aftrek. Ik zie dat ze haar best doet om niet geschrokken te kijken.

'Er zijn meer kale plekken dan dat er nog haar is en ik heb besloten dat die slierten eraf moeten, dat ik beter kaal kan zijn omdat dit er ook niet uitziet. Zal ik een tondeuse halen?'

'Wacht nog maar even,' zegt Sjoukje, herstellend van de eerste aanblik. 'Ga eerst even zitten, dan zal ik het eens rustig bekijken.'

Als ik op de eettafelstoel heb plaatsgenomen trekt ze me eerst een kappersschort aan. Daarna gaat ze achter me staan en begint met haar handen over mijn schedel en door mijn haar te woelen. In de huiskamer is het doodstil, buiten hoor ik de wind door de bomen razen. Ik sluit mijn ogen, en hoewel de handen van Sjoukje warm en aangenaam aanvoelen, probeer ik me mentaal voor te bereiden op een kaal hoofd.

Dan zegt Sjoukje opeens: 'Ik zie dat op de kale plekken heel kleine haartjes groeien.'

Ik draai mijn hoofd van schrik om en kijk naar boven om te zien of ze een grapje maakt.

Ze kijkt serieus: 'Nee echt, ik zie piepkleine donsachtige haartjes op de kale plekken.' Ze zet een leesbril op haar neus. Weer gaat ze achter me staan en buigt haar hoofd naar beneden om het minutieus te bestuderen: 'Ja hoor, heel duidelijk, overal piepkleine lichtblonde donshaartjes, op alle kale plekken. Ik ga jou helemaal niet kaalscheren, ik ga het haar dat je nog hebt gewoon kort knippen.'

Marc-Marie

Al dagenlang denk ik aan Marc-Marie Huijbregts. Het is waarschijnlijk meer dan tien jaar geleden dat hij zijn coming-out als kale man had in *De Wereld Draait Door*, maar ik herinner het me als de dag van gisteren. Er ging een schok door heel Nederland, in die tijd keken elke avond meer dan een miljoen mensen naar de talkshow van Matthijs van Nieuwkerk.

De volgende dag was het bij alle koffiezetapparaten op alle kantoren hét gesprek van de dag: Marc-Marie Huijbregts had niet alleen tien jaar lang een haarwerk gedragen, hij had al die tijd met een groot geheim rondgelopen. Ook ik stond toen bij het koffiezetapparaat op de redactievloer van *Het Parool* mee te praten: 'Onbegrijpelijk dat hij het zo lang geheim heeft gehouden!'

En nu zit ik in hetzelfde schuitje. Zal ik het ook tien jaar geheimhouden? Alleen al bij de gedachte dat ik tien jaar met het haarwerk op moet lopen, krimpt mijn hart ineen. Maar een leven waarbij ik elke dag bang ben om betrapt te worden, lijkt me helemaal niet te doen. Zeker niet als de lockdown straks wordt opgeheven en ik me weer onder de mensen moet begeven.

Ik heb grote behoefte om mijn hart te luchten bij iemand die hetzelfde heeft meegemaakt als ik. Marc-Marie ken ik niet goed, maar ik kan via een gemeenschappelijke kennis aan zijn nummer komen. Ik sms hem dat ik aan alopecia lijd en een haarwerk draag. Zeg er ook bij dat ik het aan bijna niemand heb verteld en dat ik me heel erg schaam. Of ik misschien een keer met hem kan afspreken om erover te praten. Marc-Marie sms't terug dat hij het prima vindt om een keertje koffie te drinken. Binnen twee berichtjes hebben we een datum en tijdstip te pakken. Hij heeft het ook niet druk, is mijn conclusie, want alle theaters zijn dicht.

Koortsachtig denk ik na waar we kunnen afspreken in deze wereld waarin alles op slot zit. Ik kan mezelf moeilijk bij hem thuis uitnodigen, en hem vragen naar Friesland te komen gaat te ver.

Als ik het probleem voorleg aan Laura, oppert ze dat we in haar appartement kunnen afspreken. Ze gaat elke dag een paar uurtjes naar haar restaurant om de takeaway te coördineren. Kees gaat, sinds de kinderopvang weer geopend is, drie dagen per week naar de crèche aan de overkant van de straat.

Laura doet haar uiterste best om zich staande te houden, maar haar blik is voortdurend droevig en ze is in twee maanden twintig kilo afgevallen. Mijn vriendin Wouke zei ooit: 'Je bent zo gelukkig als je ongelukkigste kind' en dat klopt, ik voel het verdriet van Laura in elke vezel van mijn lijf. Hoewel de andere dochters en ik een rooster hebben opgesteld om Laura te steunen en samen met een paar goede vriendinnen om de beurt een dag en een nacht bij haar zijn, voelen we ons volstrekt machteloos. Haar toekomstdroom, een gezin met vier kinderen op de achterbank dat vrolijk *The Sound of Music* zingend onderweg is naar een camping in Zuid-Frankrijk, is in duizend stukjes uiteengevallen. Haar sprookje van het warme nest is op brute wijze herschreven tot de realiteit: een alleenstaande moeder die verantwoordelijk is voor haar baby én een groot restaurant.

Voorzichtig heb ik aangekaart dat het restaurant geen gevangenis is, ze kan haar aandelen teruggeven en een baan zoeken met regelmatige werktijden. Iedereen, haar compagnons voorop, zal daar alle begrip voor hebben. Laura wees het idee resoluut van de hand: beslist geen optie. Ze redt het wel, ze is sterk en flink, maar God wat wil ik haar pijn graag verzachten. Ik zou er mijn haar voor overhebben... als ik het nog had.

Stipt op het afgesproken tijdstip gaat de bel en als ik door de intercom vraag wie daar is, hoor ik het bekende stemgeluid van Marc-Marie Huijbregts. Ik open de voordeur van het appartement op eenhoog en zie de cabaretier de trap op komen. Onder zijn pet komt een bosje krullend haar tevoorschijn.

'Kom binnen,' zeg ik en hij loopt achter mij aan door de smalle lange gang naar de huiskamer. Hij ziet de box in de hoek van de kamer en ik vertel hem dat dit het huis van mijn dochter is en dat we hier afspreken omdat ik tegenwoordig in Friesland woon.

'O wat leuk,' roept Marc-Marie enthousiast terwijl hij de kamer rondkijkt, 'wij hebben een huis in Tilburg waar we ook een heel groot deel van de tijd doorbrengen.'

Even later zitten we met een kop koffie aan de beukenhouten eettafel. 'Ik brand maar meteen los?' zeg ik half vragend. Marc-Marie knikt me bemoedigend toe met zijn grote blauwe ogen.

'Waarom ben jij stiekem een haarwerk gaan dragen?'

'Zeg jij haarwerk?' roept hij uit.

'Mij is verteld dat je tegenwoordig geen pruik meer mag zeggen, dat pruik iets voor carnaval en feestwinkels is.'

'O ja, haarwerk is tegenwoordig politiek correct,' reageert Marc-Marie. 'In mijn tijd was het nog gewoon pruik. Maar ik had trouwens een toupet. Of mag je dat ook al niet meer zeggen?'

Ik zeg dat ik geen idee heb.

'Nou ja, maakt ook niet uit,' zegt Marc-Marie. 'Het begon bij mij toen ik een jaar of dertig was. Ik was heel androgyn vroeger, mensen wisten vaak niet of ik een man was of een vrouw, en dat paste bij mij. Maar toen ik kaal begon te worden, werd ik opeens in de hoek van de mannen geduwd, en op de een of andere manier wilde ik dat niet. Toen ik me in oplossingen ging verdiepen, bleek dat een toupet de enige mogelijkheid was.'

Hij vertelt dat hij in Utrecht bij het Hairhotel terechtkwam en dat daar de geheimzinnigheid begon. De ingang was heel onopvallend en als hij een afspraak had, kon hij, omdat hij toen al bekend aan het worden was, achter palmen langs naar de behandelkamer lopen zodat niemand hem kon zien. Zijn haar werd boven op zijn hoofd helemaal weggeschoren tot het randje, en daar plakten ze de randen van de toupet aan vast. Omdat het randje met eigen haar doorgroeide, moest hij om de zes weken terugkomen om de toupet los te maken en er een nieuwe op te zetten. Het oude haar werd naar Nepal gestuurd om opnieuw geknoopt te worden en die toupet kreeg hij dan zes weken later weer op.

'Maar hoe ging jouw transitie van eigen haar naar toupet?'

'Ik zat toen net bij de Comedytrain en ik moest natuurlijk een overgang maken van gewoon haar naar die toupet. Ik maakte echt een filmscript voor de natuurlijke overgang en om het verhaal geloofwaardig te maken ging ik een bandana dragen.'

Enthousiast zeg ik dat ik ook bandana's ben gaan dragen.

Marc-Marie vertelde iedereen dat hij zijn lichtblond geverfde haar wilde laten uitgroeien. De kapper had gezegd dat het er tijdens die uitgroeiperiode echt niet uitzag en dat hij daarom een bandana droeg. Toen hij eenmaal die toupet had, was dat gewoon zijn eigen kleur. Iedereen slikte het voor zoete koek, maar toch stond hij doodsangsten uit toen hij voor het eerst ermee op het podium stond: 'Vanaf het moment dat ik de toupet droeg, ben ik altijd bang geweest dat ik betrapt zou worden.'

Ik vertel hem over de vrouwen in het dorp die opmerkingen maakten over mijn haar en dat ik iedereen die iets langer naar mij kijkt ervan verdenk dat ze vermoeden dat ik een haarwerk draag.

'O ja,' zegt Marc Marie, 'dat had ik ook! Ik kwam een keer na een voorstelling in de garderobe om mijn jas op te halen en toen lag daar een Gouden Gids open op de bladzijde van het haar. Ik dacht meteen dat iemand het er voor mij had neergelegd, zo van: ik heb je door.'

'Ben je weleens echt betrapt?'

'Twee keer in tien jaar tijd. Tjitske Reidinga vroeg tijdens de repetitie van *Amadeus*: "Het is hier hartstikke heet en ik zie jou maar niet je haar uit je gezicht halen. Is er iets met jouw haar, is dat wel echt?" Dat was echt een horrormoment, alsof je van het een op het andere moment in je blootje staat.' De tweede keer was tijdens de opnames van *'t Schaep met de 5 pooten*. 'Jelka van Houten vroeg toen of ik een pruik over een pruik droeg. "Heb jij nou twee pruiken op?" riep ze keihard. Daar schrok ik toen zo van, dat ik zei: "O, ik word geroepen", en weg was ik.'

Het is dat we elkaar niet goed kennen en dat er een landelijk aanraakverbod heerst, maar het liefst zou ik opstaan om Marc-Marie een dikke knuffel te geven. Ik ben dus geen aansteller, en ik ben ook niet gek.

Marc-Marie vervolgt: 'Ik deed ook een keer mee met *Wie is de Mol* en de camera's draaiden de hele dag. Hypernerveus werd ik daarvan. Met het management had ik wel kunnen afspreken dat ik geen zwemopdrachten wilde doen. Maar ik moest ook op de fiets en dan was ik bang dat als mijn haar naar de zijkant waaide de camera het gaas zou zien. Dus ik droeg de hele tijd een hoedje.'

Terwijl ik opsta om een tweede kopje koffie te zetten, vraag ik wat ons ertoe heeft gedreven om met zo'n geheim rond te lopen. Ik ben niet iemand die zich snel schaamt, en vind mezelf ook niet overdreven ijdel. Waarom doe je jezelf dit geheim aan?

'Haar is ontzettend kwetsbaar omdat het zo *in your face* is,' filosofeert Marc-Marie. 'Het is heel persoonlijk, haar gaat over identiteit, vitaliteit en ouder worden. Op de een of andere manier zit je identiteit heel erg in je haar en haar kun je niet verstoppen. Door een pruik te dragen denk je ermee weg te komen. Op dat moment is het geheim geboren en je wilt het zo houden omdat je geen gerucht wilt worden. Je bent bang dat mensen het aan elkaar gaan doorvertellen: "Drie keer raden wie er een pruik draagt?" Ik snap heel goed dat dat leuk is om te vertellen.'

Als ik weer ga zitten, vraag ik wanneer hij begon te denken aan een coming-out.

'Ik zat er al heel lang aan te denken omdat ik genoeg had van het dragen van die pruik. Je hebt in feite altijd een bontmuts op, ook als je met koorts in bed ligt. En het zwaarste is het dragen van het geheim, daar wilde ik vanaf. Regisseur Kees Prins suggereerde voor een toneelstuk waarin ik speelde dat het leuk zou zijn als ik iets heel anders met mijn haar zou doen zodat ik een heel ander type zou worden. Ik antwoordde dat ik mijn haarwerk af zou kunnen zetten. Waarop hij vroeg: "Je haar afscheren bedoel je?" Toen zei ik: "Nee, dit is nephaar, dus ik zou het af kunnen zetten." Hij was in shock, het was alsof Astrid Joosten zei: Ik ben een man.'

Kort daarna vertelde Marc-Marie aan Matthijs van Nieuwkerk, bij wie hij elke vrijdagavond vaste tafelheer in DWDD was, dat hij de volgende uitzending zonder zijn toupet wilde verschijnen. Matthijs was ook compleet verrast maar had heel empathisch gereageerd:

'Hij vond het erg voor mij dat ik al die tijd in mijn eentje dat geheim had gehad, hij vond het zo eenzaam voor mij.'

Ik wil natuurlijk weten hoe het voelde toen hij zijn geheim had geopenbaard.

'Een gigantische bevrijding. Water en wind op je hoofd kunnen voelen. Je hoofd op een kussen leggen en dat kussen ook voelen. Maar de grootste bevrijding is dat je geen geheim meer hebt. Ik vond het alleen irritant dat sommige mensen zeiden dat ze het altijd al hadden gedacht. Ik begrijp niet waarom mensen de behoefte hebben om te laten weten dat ze je stiekem altijd al doorhadden.'

Marc-Marie had zich voorgenomen de toupet gewoon weer op te zetten als zijn kale spiegelbeeld hem niet zou bevallen. Hij was dan in ieder geval wel verlost van het geheim. Gelukkig was dat niet nodig. Inmiddels heeft hij twee haartransplantaties ondergaan en is nu tevreden: 'Ik heb nog steeds niet veel haar, maar ik ben al lang blij dat ik het kan wassen en naar de kapper moet.'

Ik zeg dat ik mijn haarwerk niet kan afzetten want ik wil niet als kale vrouw door het leven. Maar ik zou wel van het geheim af willen, ik wil er niet nog jaren mee rondlopen. Matthijs van Nieuwkerk had gelijk, het is ook eenzaam. Alleen ben ik geen tafeldame en ik ben niet bekend, dus zo'n nationale coming-out zit er voor mij niet in.

'Maar jij schrijft toch boeken?' vraagt Marc-Marie.

Ik knik.

'Nou dan!'

Epiloog

Bizar. Dat was het jaar 2020, ook nu ik erop terugkijk. Een domino-effect aan rampspoed. Het ene ongeluk was nog niet achter de rug, of het andere diende zich aan. Tegelijkertijd stonden de buitenwereld en mijn binnenwereld op losse schroeven. Door corona waren de straten leeg, de winkels en de horeca dicht, waardoor Amsterdam haar identiteit als bruisende metropool verloor. Ondertussen worstelde ik door mijn haarverlies met mijn eigen identiteit. De wereld werd kaal, ik werd kaal.

Zoals het vaker gaat in het leven kwam alle ellende in 2020 uit de lucht vallen. Het jaar 2021 begon aanzienlijk optimistischer; op 8 januari werd de eerste vaccinatie tegen corona gezet. Er ging een golf van opluchting door het land. We waren nog niet van de lockdowns af, maar de angst om te sterven aan covid ebde weg.

Voor mijn gezin was 2021 het jaar waarin we de scherven opraapten. Laura deed haar best om te overleven. Ze vocht als een leeuwin voor haar dochter en haar restaurant, en onderging traumatherapie om te verwerken wat er gebeurd was. Met hulp van haar zussen en met grote steun van de moeder van Lukas lukte het haar om zich staande te houden. Twee jaar na het vertrek van Lukas zie ik de bruine ogen van mijn dochter weer stralen. Ze kan weer voluit lachen en genieten van het leven. Kees, de vrolijkste, slimste en zelfverzekerdste peuter op aarde, ziet haar vader eens in de twee weken op woensdag en elke zaterdag.

Katinka is op dit moment stabiel. Ze werkt weer, sport veel en gaat met enige regelmaat samen met Jasper naar festivals. Een teken van levenslust. En het belangrijkste: voor Jesse kan ze weer de liefdevolle moeder zijn die ze is.

Voor mijzelf was 2021 het jaar waarin ik moest leren verlies te accepteren. Er was veel rouw om te verwerken. Dat deed ik op aanraden van mijn huisarts met behulp van een psycholoog, wat geen overbodige luxe bleek. De belangrijkste les die ik leerde is dat ik moet loslaten. Je kunt niet het verdriet van iedereen op je eigen bagagedrager meetorsen, je bent niet voor iedereen verantwoordelijk. Ik heb het leven altijd graag naar mijn hand willen zetten; als ik maar mijn stinkende best doe, komt alles goed. Dat is niet zo, je invloed is soms heel beperkt. Hoewel de oorzaak van alopecia niet wetenschappelijk is vast te stellen, lijkt in mijn geval een verband tussen stress en deze auto-immuunziekte reeel.

Toen ik eenmaal had geaccepteerd dat ik de rest van mijn leven een haarwerk moest dragen, en had besloten dat ik me er niet langer voor wilde schamen, begon mijn haar weer te groeien. Sinds een half jaar loop ik weer met mijn eigen haar door de wind.

Dankwoord

Het eerste gesprek met mijn uitgever Antje Bosscher over dit boek voerde ik thuis, in Friesland. Niet alleen omdat buiten alles dicht was, maar ook omdat ik het haarwerk droeg en heel onzeker was. Toen ik vertelde waar ik mijn volgende boek over wilde schrijven, viel ze van haar stoel van verbazing. Ze had niks aan me gezien. Ik liet haar zweren dat ze aan niemand zou vertellen wat er met me aan de hand was. Een moeilijke opdracht gezien het feit dat ze mijn boekidee intern moest *verkopen*.

Een week later appte ze me: 'Ik moet veel aan je denken en probeer me een voorstelling te maken hoe ikzelf zou reageren als mijn haar ineens zou uitvallen. Ik kom niet veel verder dan dat het me ongelooflijk moeilijk lijkt. En dat je nooit over haar nadenkt maar dat haar eigenlijk heel belangrijk is. Ik denk dat je er, tegen de achtergrond van allerlei andere gebeurtenissen het afgelopen jaar, een heel goed boek over kunt schrijven. Ik zou dat graag uitgeven.' Toen ik niet veel later een contract kreeg opgestuurd stond op de plek waar normaal de titel staat: 'persoonlijk verhaal'. Ik dank Antje, maar ook de rest van de uitgeverij, voor het eindeloze vertrouwen om mijn boek te willen uitgeven zonder de precieze inhoud te kennen.

Mijn grootste dank gaat uit naar mijn vier kinderen, mijn schoondochter, ex-schoonzoon, zwager en naar de familie van Paulien die het boek van tevoren hebben gelezen. Ze hebben er niet om gevraagd en het zou niet hun keuze zijn geweest om de gebeurtenissen uit 2020 op schrift te zetten. Toch hebben ze mij die vrijheid gegund en gegeven, en daar ben ik ze zeer dankbaar voor.

Tot slot bedank ik de mensen die mij hebben geholpen om het boek te schrijven. In eerste instantie is dat editorial consultant Machteld Bijl, het scherpste mesje uit de la. Zij trok gedurende het hele proces met mij op als zeer kritische, doch loyale sparringpartner.

De redacteuren van de uitgeverij, Hester Helming en Annemieke Heinen, ben ik bijzonder erkentelijk voor hun vertrouwen, vakmanschap en expertise.

Literatuurcriticus Arjan Peters en schrijver-journalist Lidy Nicolasen waren mijn professionele meelezers. Ze hebben me op scherp gezet waardoor het boek significant beter is geworden.